BBVA-SABADELL
SECRETOS
DE UNA OPA FEROZ

Raquel Lander

BBVA-SABADELL SECRETOS DE UNA OPA FEROZ

Así ganó Josep Oliu una enconada batalla financiera y política

la esfera de los libros

Primera edición: abril de 2026

© Raquel Lander Erdozain, 2026
© La Esfera de los Libros, S. L., 2026
Avenida de San Luis, 25
28033 Madrid
Tel. 91 443 50 00
www.esferalibros.com

ISBN: 978-84-1094-295-0
Depósito legal: M-6010-2026
Fotocomposición: Creative XML, S.L.U.
Impresión y encuadernación: Anzos
Impreso en España-*Printed in Spain*

ÍNDICE

A mis padres, a mi hermana Silvia y a mi sobrino Hodei.

PRÓLOGO

La batalla empresarial más reñida de los últimos veinte años en España bien merecía un libro. La opa hostil BBVA/Sabadell reúne ingredientes políticos, empresariales, sociales y de todo tipo que la hacen muy especial. Seguro que acabará analizándose en las grandes escuelas de negocios.

Sobre el papel era una adquisición que estaba llamada a salir adelante si se ponía sobre la mesa un precio atractivo. El negocio bancario es un negocio de escala. Sin embargo, BBVA se encontró con una oposición política, empresarial y social total desde el principio que lo complicó todo. Más de doscientos mil accionistas se movilizaron durante año y medio para hacer naufragar la operación. La opa se alargó más de quinientos días y dejó completamente obsoleta la oferta económica de Carlos Torres.

La cúpula de Sabadell estaba convencida de que el banco valía más de lo que BBVA ponía sobre la mesa y luchó para no malvender una entidad con ciento cuarenta y cinco años de historia, conocida por su alta especialización en pymes.

BBVA puso por delante siempre la disciplina financiera. Sin embargo, esta operación ha demostrado que no se puede subestimar la importancia de la política en las pugnas empresariales.

La opa hostil de BBVA consiguió, además, lo impensable, unir a una Cataluña rota desde el *procés* independentista en una causa común: luchar para que Sabadell no desapareciera. Las patronales valencianas, gallegas y valencianas también se unieron a ese objetivo común.

Josep Oliu es un banquero veterano con diecisiete fusiones a las espaldas. Se trata también de un hombre poliédrico. Sabe moverse muy bien en los círculos de poder, entre las altas élites económicas catalanas y tejer complicidades. Por eso ganó.

Este libro descubre elementos nuevos de esta batalla. No es un mero recorrido por el año y medio de la opa. Por ejemplo, desvela que BBVA intentó fichar al hombre (hoy director de Comunicación del FC Barcelona) que había liderado con éxito la comunicación de Sabadell durante los últimos quince años. O las negociaciones de Josep Oliu con accionistas de Unicaja y Abanca a mitad de proceso para intentar una fusión alternativa a la compra hostil de BBVA.

Los primeros capítulos narran los movimientos estratégicos y tácticos clave de ambas partes y están trufados de detalles inéditos, resultado de un intenso trabajo de investigación basado en conversaciones con muchas fuentes diferentes. Gracias a todos (ellos saben quiénes son).

Carlos Torres se implicó personalmente muchísimo en esta adquisición. Visitó Barcelona en innumerables ocasiones.

El presidente de Sabadell, por su parte, vivió el proceso con mucha energía y se le vio más en forma que nunca, aunque hubo momentos complicados. Especialmente cuando el mayor inversor individual del banco catalán, David Martínez, decidió aceptar la oferta de BBVA.

Oliu sabía que esta operación comprometía gran parte de su reputación tras cuarenta años en banca. O sacaba un buen precio para sus accionistas, o merecía la pena luchar por seguir en solitario. Su consejero delegado, César González-Bueno, mantuvo alta la moral de la plantilla en todo momento y demostró ser un estratega y un comunicador descomunal.

Este libro recupera también parte de una biografía de Josep Oliu escrita por la misma autora, publicada por La Esfera de los Libros en 2014. Los capítulos finales del libro tratan de descubrir a la persona que está detrás del banquero y su trayectoria anterior.

Oliu perteneció a la primera generación de economistas que se doctoró en Estados Unidos en los años setenta. Es del grupo de los «minnesotos». Al volver a España se sacó una cátedra en un tiempo récord y en los años ochenta realizó una inmersión total en la industria pesada como director de planificación del INI en plena reconversión industrial. Hizo cientos de planes estratégicos para el tejido empresarial heredado de la dictadura. Entonces conoció a la plana mayor del PSOE, muchos de los cuales siguen siendo amigos personales: Carlos Solchaga, Joaquín Almunia, Narcís Serra, Luis Carlos Croissier, Miguel Ángel Fernández Ordóñez...

Con treinta y siete años de edad Oliu llegó al banco provincial que entonces dirigía su padre, lo sacó a bolsa, modernizó sus estructuras y duplicó el tamaño de su balance tras la crisis financiera de 2007. También es consejero de la empresa de lujo Puig.

Esa parte final del libro cuenta con testimonios muy valiosos del investigador Andreu Mas-Colell, Paulina Beato, Xavier Calsamiglia, Carlos Solchaga, Miquel Roca, Marc Puig, Alfredo Pastor, del fallecido Isak Andic, así como de la familia del propio banquero.

Gracias de nuevo a todos por permitirme entrar en su esfera privada, por su franqueza y generosidad.

1

LA OPA DE BBVA FRACASA
CON UN RESULTADO INIMAGINABLE

—Ha salido un 25 por ciento.

Es un mensaje a las 20.07 de la noche en el grupo de WhatsApp del comité de dirección del Sabadell de Gonzalo Barettino, el responsable de Servicios Jurídicos del banco.

Silencio. Por unos momentos, nadie responde nada por miedo e incredulidad. Ni en el más optimista de los escenarios contemplaban que un porcentaje de accionistas tan pequeño hubiera acudido a la opa hostil de BBVA. Se esperaba un resultado mucho más ajustado después de más de quinientos días de batalla empresarial, política, publicitaria y de comunicación.

Mientras eso sucedía, a 145 kilómetros de Barcelona, en Perelada (Girona), el teléfono de Josep Oliu echaba humo.

—Enhorabuena, Pep, ha salido un 25 por ciento.

—Yo no me lo esperaba. ¿Tú, Carlos?

—Ha sido una sorpresa, esta historia de la segunda opa ha debido de influir...

—Caramba, ¡pero si eso os lo inventasteis vosotros!

Mientras hablaban, entraban llamadas constantemente al teléfono móvil del banquero catalán, que estaba a punto de entrar en una cena con los dueños de Puig y miembros de su *holding* patrimonial. La primera había sido la del presidente de la Comisión Nacional del Mercado de Valores (CNMV), Carlos San Basilio, para comunicarle oficialmente el resultado: 25,47 por ciento. Después, la de su escudero y hombre clave en esta victoria, César González-Bueno. El consejero delegado madrileño no dejó inversor sin visitar ni piedra sin levantar para impedir la defunción de un banco catalán centenario al que había llegado apenas cinco años antes. También llegó la felicitación del presidente de la Generalitat, Salvador Illa, y la del ministro Carlos Cuerpo, los ganadores políticos de esta victoria épica.

Oliu se comunica por videollamada con los miembros del comité de dirección del Sabadell, que estaban cenando juntos en el restaurante Tram-Tram, en la zona alta de Barcelona. El resultado oficial de la opa se esperaba para el día siguiente y querían vivirlo juntos en Barcelona. Se brindó con cava y hubo copas después.

Pedro Fontana, vicepresidente del Sabadell, otro partícipe importante de la victoria, pero entre bambalinas por su conexión con las élites económicas catalanas, estaba cenando aquel día con Joan Corominas, hijo de un expresidente del Sabadell y descendiente de uno de los ciento veintisiete fundadores de la entidad.

Nadie en los círculos económicos esperaba un porcentaje inferior al 30 por ciento. Ni siquiera en el propio Sabadell. Solo algunos, los más optimistas. El director financiero, por ejemplo, pronosticaba un 28 por ciento. La inmensa mayoría pensaba que la operación estaba abocada a una segunda opa. Es decir, a durar por lo menos otros cuatro o seis meses más.

BBVA había conseguido en la recta final del proceso el mayor trofeo, el sí de David Martínez. Su presidente, Carlos Torres, y sus colaboradores habían logrado convencer *in extremis* al mayor accionista individual del Sabadell con más de 600 millones de euros invertidos en el banco para que acudiera a la operación.

El efecto arrastre sobre los grandes fondos de inversión institucionales dueños de la mitad del capital del Sabadell podía ser fuerte. No era un accionista cualquiera. Llevaba doce años sentado en el Consejo de Administración del Sabadell y conocía perfectamente el banco. Si la operación era buena para él, cómo no iba a serlo para otros inversores profesionales como ellos...

Sin embargo, los grandes fondos internacionales hicieron otra lectura. Ante la elevada probabilidad de que hubiera una segunda opa con pago en metálico (no en acciones) y a un precio más alto decidieron esperar y no acudir a la opa que estaba en curso. Por eso fracasó.

La oferta que puso sobre la mesa Carlos Torres había quedado totalmente obsoleta ante un Sabadell que estaba publicando unos números de actividad comercial y de beneficios cada vez mejores.

El precio siempre fue cicatero y quedó en evidencia a los ocho meses de lanzarse la opa, cuando el accionista del Sabadell ganaba más dinero vendiendo sus títulos en bolsa que aceptando el canje de BBVA. Siendo una operación hostil, Josep Oliu y sus consejeros veían imprescindible una prima de control sobre la cotización de por lo menos un 30 por ciento a cambio de ceder el control.

Carlos Torres había vivido la guerra de opas que sufrió Endesa veinte años atrás y desde dentro, como colaborador estrecho de Manuel Pizarro. Es decir, había estado en el lado que ahora ocupaba Sabadell. Se trata de un directivo enormemente inteligente que consiguió ser admitido en el MIT de Boston, y no para hacer un máster, sino para estudiar la carrera.

Esta batalla también iba de precio y estaba muy politizada, como lo estuvo la de Endesa, pero tenía también otros ingredientes que BBVA pasó por alto, subestimó o simplemente no les dio la suficiente importancia.

Evitar la desaparición de Banco Sabadell se convirtió en el pegamento para unir a una Cataluña rota por culpa del *procés* independentista. El empresariado, todo el polarizado arco político y la sociedad catalana habían encontrado una causa común que defender por primera vez en muchos años. BBVA había tocado además un elemento particularmente sensible en Cataluña: la soberanía.

Hacía mucho tiempo que los catalanes no iban a una en algo. Tras una década muy complicada, dura y gris necesitaban un héroe, una victoria épica...

La cúpula del Sabadell tuvo una agenda intensa el día siguiente del fracaso de la opa. Salvador Illa recibió a Oliu en el Palau de la Generalitat. Después hubo una copa de cava en la sede histórica de la Cámara de Comercio de Barcelona en la Llotja de Mar. Allí se congregó una amplia representación del empresariado catalán. Había gente del Cercle d'Economia, de las patronales Foment del Treball y Pimec, de la asociación FemCAT, de Barcelona Global y del Colegio de Economistas de Cataluña.

El momento más emotivo se vivió después, en la sede corporativa de Sabadell en Sant Cugat. Muchos empleados y directivos de todos los niveles recibieron a su llegada a Josep Oliu, que se abrazó con muchos de ellos. El banquero sabía que se jugaba en esa batalla la reputación de sus cuarenta años de carrera como banquero. O sacaba un buen precio para sus doscientos mil accionistas, o había que hacer naufragar la compra hostil. Supo convencer a los políticos y a la sociedad de que un banco tan imbricado con el tejido empresarial merecía subsistir.

Era la tercera vez que salvaba el banco. La primera, hacía quince años, cuando Isidro Fainé intentó comprar Sabadell cuando La Caixa todavía era una caja de ahorros. Después, en 2020, cuando BBVA intentó adquirir Sabadell a precio de ganga aprovechando su debilidad. Y ahora.

Semanas después, el banco alquiló el Palau Sant Jordi de Barcelona y dio una fiesta para la plantilla a la que acudieron nueve mil empleados de toda España. Tocaron durante horas varios grupos españoles de pop de los años noventa.

Hubo una persona en particular que respiró con alivio esos días de octubre de 2025: el presidente de la CNMV, el regulador de los mercados. Carlos San Basilio se quitó de encima una patata caliente importante. Si BBVA conseguía el sí de al menos el 30 por ciento de los derechos de voto del Sabadell, tenía la potestad de lanzar una segunda opa para elevar ese porcentaje e intentar hacerse con el control del banco catalán. El problema era que la ley era confusa sobre el método de cálculo del precio equitativo al que había que lanzar esa segunda opa. Y la CNMV tenía la difícil misión de interpretarla y la potestad de revisar el precio propuesto por BBVA. El asunto podía acabar en los tribunales porque los abogados de Carlos Torres iban a por todas. No fue necesario hacer nada de eso.

Ejercer de árbitro en esta pugna empresarial ha sido enormemente complejo para este organismo, a pesar de estar más que acostumbrado a evaluar operaciones corporativas. Llegó a revisar hasta veinte borradores del folleto de la opa de BBVA. Y mantuvo reuniones periódicas telemáticas con la Securities and Exchange Commission (SEC), el poderoso regulador de los mercados en Estados Unidos. BBVA tuvo que presentar documentación de la opa ante las autoridades norteamericanas, porque un porcentaje significativo del capital del Sabadell estaba en manos de accionistas residentes en ese país.

La cúpula directiva de BBVA vivió el desenlace de la opa con un sentimiento de abatimiento tras diecisiete meses de mucho esfuerzo. El resultado se dio a conocer un jueves, pero ya desde el martes anterior se sabía que la cosa estaba difícil.

El lunes, el propio Sabadell había hecho públicos los datos de adhesión de sus clientes, que en un altísimo porcentaje son también accionistas. Solo había acudido a la oferta de BBVA un 1,1 por ciento del capital.

Con estos números era imposible que BBVA obtuviera el 50 por ciento de aceptación (el objetivo), y complicado llegar al 30 por ciento, el premio de consolación.

Carlos Torres y los suyos sabían que Sabadell tenía de su lado al bloque de los pequeños inversores por la montaña de dividendos prometidos. También a la aseguradora Zurich, socio comercial del banco desde hace veinte años. Juntos sumaban el 45 por ciento del capital. Sin embargo, internamente había esperanzas de ganar porque faltaba por conocer el voto del bloque de los inversores institucionales, los que mueven el mercado. A esos inversores les gustan las fusiones y David Martínez iba a acudir a la operación. Onur Genç había asegurado la semana anterior en el Encuentro Financiero EXPANSIÓN-KPMG que todos y cada uno de los institucionales con los que habían hablado les habían dicho que iban a ir a la opa. La cúpula de BBVA llegó a asegurar a importantes fondos que tenían el 45 por ciento del capital comprometido en esta operación, según las fuentes consultadas.

Sin embargo, los datos que empezaron a llegar el martes de los bancos que custodian el dinero de los fondos internacionales no decían eso. Al menos la mitad les había dado la espalda. El recuento definitivo lo supieron el miércoles 16 de octubre de 2025, a las seis de la tarde. Es decir, un día antes de que se hiciera público.

El jueves, cuando ya era oficial, tocaba levantar la moral a un equipo muy tocado y que no entendía nada de lo que había pasado. Carlos Torres dijo que el banco tenía un gran futuro y echó la culpa al fantasma de la segunda opa.

Carlos Torres decidió dar la cara y dio una rueda de prensa el viernes: «Es una oportunidad perdida, pero somos un gran banco. Somos número uno en México y número dos en Turquía y tenemos un gran plan estratégico por delante […]. No hay razón para dimitir […]. Nuestra obligación era intentarlo», afirmó.

Sabadell y BBVA gastaron en comunicación, *public affairs* y sobre todo en publicidad (prensa, radio, televisión y redes sociales) la mayor cantidad de dinero jamás vista en Cataluña. En el momento más caliente de la opa llegó a haber hasta tres páginas de publicidad en un mismo día en los periódicos de mayor tirada. Sabadell colocó lonas publicitarias en el paseo de la Castellana de Madrid con su eslogan «Poder elegir es tu poder» y anuncios de gran formato en la estación del AVE. BBVA contrató cientos y cientos de cuñas en la radio catalana.

En Barcelona circuló la cifra de que Sabadell se había gastado 30 millones en publicidad. Y BBVA, alrededor de 50 millones. Es posible que esas cifras se hayan quedado cortas.

El banco catalán puso desde primera hora la comunicación a la misma altura que el asesoramiento de los bancos de inversión y de los abogados. Según Roman Reputation matters, la agencia de comunicación que trabajó para Sabadell, se trató de una de las piezas clave de la victoria. «La comunicación del Sabadell fue plenamente transversal. Involucró a empleados, pymes, Administraciones, opinión pública, medios de comunicación, instituciones y territorios», explica.

Sabadell fue siempre por delante en este proceso. Ganó desde el principio la batalla del relato. «BBVA dio por hecho un desenlace inevitable a su favor, lo que incentivó el síndrome de aldea gala contra el imperio», señala Roman.

La alta dirección de BBVA estuvo rápida y contrató para su campaña a Toni Segarra, el publicista de siempre del Sabadell. Este barcelonés está detrás de conocidos *claims*, como «¿Te gusta conducir?», «Bienvenido a la república independiente de tu casa» o *Be water, my friend*.

Segarra optó por reversionar el exitoso formato que él mismo había creado para Sabadell, el de las conversaciones, en el que dos personas conocidas en distintos ámbitos hablaban sobre diferentes aspectos de la vida. En la campaña de la opa, accionistas de BBVA comentaban entre ellos las ventajas que tenía para un inversor del Sabadell unirse al «banco líder en rentabilidad y crecimiento en Europa».

—BBVA ha decidido buscar un banco con solera, el mejor —decía un accionista.

—Todos saldremos beneficiados. ¿Os imagináis lo que podríamos lograr juntos? —planteaba otro.

La campaña no gustó, al menos en Barcelona. Hubo gente que la vio un poco naif, incluso ofensiva porque les parecía que daba una imagen del accionista del Sabadell poco sofisticada, al que para convencerlo bastaba con ir con unos cuantos clichés. En los anuncios, además, BBVA daba por hecha la operación.

Sabadell contrató a Oriol Villar, el artífice de los populares anuncios veraniegos de la cerveza Estrella Damm (Mediterráneamente) y de la reciente campaña «Es por Maruxa. Es por todos» de Movistar.

La publicidad del banco catalán era agresiva y se dirigía al inversor, pero intentaba movilizar también a toda la sociedad. «Vamos a poner los puntos sobre las íes. Esta opa hostil no solo va con los accionistas de Banco Sabadell. Si eres autónomo, va contigo. Si eres una pyme, va contigo. Si vas a pedir una hipoteca, va contigo», decía. Combinaba estos mensajes con páginas enteras de publicidad en prensa trufadas de gráficos que mostraban la subida en vertical de la cotización del Sabadell en los últimos cinco años. También jugó en un determinado momento con un símbolo catalán, san Jordi. La campaña del dragón conectó mucho con la gente.

La agresividad fue a más durante el mes en el que los accionistas debían vender o no sus acciones a BBVA. Esta vez por ambas partes. «Te digan lo que te digan, si no acudes al canje, perderás esta oportunidad que es única y es ahora», decían los anuncios de BBVA. Y Sabadell replicaba: «El precio es insuficiente, acudir a la opa acarrea importantes riesgos [fiscales, principalmente] y nuestro dividendo es claramente superior». El inversor, al fin y al cabo, habla el lenguaje del dinero.

Algunos anuncios acabaron en la mesa de Autocontrol, la Asociación para la Autorregulación de la Comunicación Comercial, organismo de la industria publicitaria que autorregula la publicidad, aunque no hubo sanciones.

Defenderse de una opa hostil constituye un trabajo en sí mismo. Arañar apoyos para la causa en todas las instancias obliga a la cúpula de una empresa a ganar mucha visibilidad pública. Para cualquier banquero español eso era una situación inédita porque hasta entonces todas las operaciones de concentración se habían hecho de manera negociada y amistosa. El único precedente era el asalto del Banco Bilbao a Banesto en los años ochenta, que acabó mal.

En el caso del Sabadell, toda la responsabilidad recayó sobre Josep Oliu, que preside el banco desde hace veinticinco años. Y en César González-Bueno, su consejero delegado, una persona que ha demostrado que se crece en los momentos de presión máxima.

Oliu fue el enlace directo con los cerca de doscientos mil accionistas que tenían la llave de la opa y supo buscar las necesarias complicidades políticas. Conoce personalmente a muchos inversores y habla su lenguaje porque es uno de ellos. Tiene ocho millones de acciones del Sabadell.

González-Bueno no dejó en todo el proceso de acudir a los comités ejecutivos del banco, pero dedicó mucho tiempo a recabar apoyos contra la operación hostil y a mantener alta la moral de la plantilla. Multiplicó su presencia en actos públicos y no paró de dar entrevistas en prensa, radio y televisión. Su facilidad para colocar sus mensajes y dar titulares con frases cortas, directas y convincentes fue crucial. Muchas eran de su propia cosecha: «De nuestros clientes va a acudir a la opa el 0,0 por ciento, como la cerveza sin alcohol», «BBVA pretende obtener el cien por cien de las sinergias de la compra en el nanosegundo posterior a la fusión», o la archirrepetida «esta opa está descarrilada desde hace tiempo».

Mientras Oliu y González-Bueno defendían su banco de la opa hostil, el directivo que asumió el liderazgo del negocio fue Carlos Ventura, el más veterano del comité de dirección y máximo responsable de Banca de Empresas, la joya de la corona del Sabadell. Su tarea consistió en conseguir que la actividad comercial y el beneficio crecieran más que nunca para que la acción siguiera subiendo.

Sergio Palavecino fue el interlocutor de los grandes inversores institucionales dentro y fuera de España. El director financiero tiene un peso específico muy alto en cualquier banco, que se multiplica en el caso de una opa. Se apoyó en Gerardo Artiach (ex-Bankia) y Lluc Sas. Ambos recorrieron Europa y Nueva York para explicar el potencial de crecimiento en solitario del Sabadell a los grandes fondos, a los accionistas más pequeños y a los analistas financieros.

Marc Prat, responsable de Estrategia, se encargó de coordinar los trabajos de todos los equipos multidisciplinares implicados en el día a día de la opa. Y Virginia Zafra, máxima responsable de Comunicación, de unificar los mensajes para que calara en la opinión pública la idea de que un banco como el Sabadell debía seguir existiendo. Contó con la ayuda de Sílvia Alsina (Roman Reputation matters) y de Luis Guerricagoitia (LLYC).

Como banqueros de inversión, Oliu depositó toda su confianza en Olaf Díaz-Pintado, hombre fuerte de Goldman Sachs en España. Es conocido por entregarse al cien por cien a las operaciones que asesora. La del Sabadell ha sido la última en la que ha participado antes de jubilarse de esta exigente actividad para dedicarse a la filantropía y al golf.

Su rol fue fundamental en las grandes decisiones estratégicas del Sabadell. Por ejemplo, en la venta del banco británico TSB, realizada para disparar el dividendo y así disuadir a los accionistas del Sabadell de acudir a la opa de BBVA.

Sabadell también contrató para defenderse de la opa a Morgan Stanley. El banquero que estuvo en el día a día del proceso fue Eduardo Timpanaro. Los consejeros independientes del Sabadell ficharon a un tercer banco de inversión, Evercore, en la fase final.

En la parte legal, Gonzalo Barettino, máximo responsable de los Servicios Jurídicos del Sabadell, se aseguró de que el banco cumpliera el deber de pasividad que exige el real decreto de opas en todo momento. También de que BBVA no les metiera ningún gol ante la CNMV y de buscar todos los resquicios posibles a su favor en la ley de opas. Se apoyó en Uría Menéndez, el habitual despacho de cabecera también de Santander. Salvador Sánchez-Terán, socio director de Uría y experto en operaciones corporativas de entidades financieras, lideró un equipo con socios de distintas especialidades con un nombre destacado: Carolina Albuerne, socia de Mercantil y experta en el ámbito societario, mercado de valores y sobre todo en regulación bancaria. Hace cinco años, la publicación británica *Global Banking Regulation Review* la reconoció como una de las mejores abogadas del mundo menor de cuarenta y cinco años en regulación bancaria. Albuerne asesoró a CaixaBank en la compra de Bankia en el año 2020 y, con posterioridad, a Santander en la venta de su filial en Polonia.

El volumen de dinero que Sabadell dedicó a defenderse del asalto de BBVA fue enorme. A mitad de partido ya llevaba gastados alrededor de 60 millones en campañas de publicidad y en informes técnicos encargados a asesores legales de todo tipo, según desvelaba el informe anual de gestión del banco. Pero ese recuento no incluía la minuta de los bancos de inversión, que pudo doblar esa factura.

2

UNA OPA HOSTIL A TRES DÍAS DE LAS ELECCIONES CATALANAS

Josep Oliu se encontraba comiendo en su casa de Barcelona con su mujer, Victòria Quintana, cuando recibió la oferta económica de BBVA para una fusión amistosa. Así arrancó la operación empresarial más mediática y monitorizada de los últimos veinte años en España. El mensajero tenía orden de entregársela en mano y apareció directamente en su comedor. Era el 30 de abril de 2024.

El presidente del Sabadell conocía el interés de Carlos Torres en hacer una operación, porque se lo había hecho saber unos días antes y no era la primera vez que salía el tema. Pero esta vez había una oferta formal ya aprobada por el consejo de administración de BBVA. Él no se había mostrado nada receptivo a negociar una fusión o al menos eso intentó transmitirle a Torres. El banquero catalán muchas veces piensa en voz alta y eso puede dar lugar a malentendidos. Ya le pasó con Isidro Fainé en 2009-2010, cuando negociaron una integración que no salió. César González-Bueno, el directivo que había fichado de ING, había sacado a Sabadell del agujero en el que estaba con un proceso de adelgazamiento brutal y la cotización llevaba cuatro años subiendo. «Qué necesidad», pensó.

Unos minutos antes de recibir esa carta, en Londres, un periodista de *Sky News* había sacudido el mundo financiero español con un tuit en el que destapaba que BBVA buscaba una operación con Sabadell. Se trataba de Mark Kleinman, con setenta y cinco mil seguidores en X (la antigua Twitter), ganador de los Premios de Periodismo Británico en la edición de 2021 y conocido por destapar buena parte de las grandes operaciones del sector bancario.

Entonces nadie lo sabía, pero BBVA llevaba tiempo en secreto preparando la operación. En marzo había contactado con UBS y JP Morgan para que lo ayudaran con la transacción. Los contrató en abril. También a los despachos legales Garrigues y Davis Polk & Wardwell (especializado en operaciones presentadas ante reguladores internacionales).

Carlos Torres había llamado a Oliu el 15 de abril para una primera toma de contacto. Ambos tienen muy buena relación y se ven periódicamente. Esa semana se estaba celebrando en Barcelona el torneo de tenis Conde de Godó, uno de los acontecimientos deportivos del año en la capital catalana, que está patrocinado precisamente por el Sabadell. Oliu lo invita a comer.

—Pep, tenemos que retomar aquellas conversaciones de fusión de hace cuatro años.

—Pero, Carlos, ¿ahora me vienes con esto?

—Tengo una oferta que no podréis rechazar...

El presidente de BBVA insiste en que lo piense detenidamente. Tiene previsto volver a Barcelona pronto. Está invitado el fin de semana siguiente a presenciar la final del Torneo Conde de Godó. Lo emplaza a encontrarse de nuevo allí para entregarle la propuesta formal.

Al día siguiente, Torres lo informa de que el Consejo de Administración del banco acaba de aprobar la oferta de fusión y que convendría volver a verse pronto. El banquero catalán le dice que no acaba de verlo, pero que su obligación es escucharlo y trasladarlo a la cúpula del Sabadell. Sin embargo, el día de la final del Godó no le parece el mejor momento para hablar con tranquilidad.

Se emplazan para el 30 de abril, una vez presentadas las cuentas de resultados trimestrales de ambos bancos.

El fin de semana de la final del Godó, el Real Club de Tenis Barcelona está hasta la bandera. Por el *village* hay un continuo ir y venir de grandes empresarios, directivos, políticos, gente del deporte y personas ilustres de la burguesía y de la sociedad civil catalana. Es un acontecimiento exclusivo para ver y dejarse ver. Carlos Torres acude con su mujer e intenta verse a solas con Oliu discretamente, pero el banquero catalán se hace el huidizo.

El 30 de abril por la mañana se publica el tuit del periodista de la City de Londres destapando las conversaciones. Unos minutos antes, había llamado al banco, que se lo había desmentido. Torres está volando a Barcelona para reunirse con Oliu, tal y como habían quedado. El banquero catalán se encuentra en la sede de la empresa Puig, que está a punto de salir a bolsa. Es consejero de la firma de lujo desde hace veinticinco años y aquel es el mayor debut bursátil del año en todo el mundo.

El presidente del Sabadell llama a Torres para cancelar la reunión. Está molesto por la filtración, lo interpreta como una presión para ir hacia delante con la transacción. Su interlocutor lo informa de que le hará llegar la carta con la oferta de inmediato.

—¿Dónde te encuentras? —le pregunta.

Oliu la lee detenidamente en su casa. Es una copia de la propuesta que ya habían discutido en 2020 en cuanto a reparto de poder. Se trata de una fusión por absorción, en la que BBVA cede a Sabadell tres puestos en el Consejo de Administración del grupo fusionado y se compromete a mantener el centro corporativo de Sant Cugat. El precio seguía siendo pagadero en acciones, pero el canje ofrecido era mejor. Una acción de BBVA por cada 4,83 acciones del Sabadell.

BBVA reconoce oficialmente las conversaciones de fusión a petición de la CNMV, el regulador bursátil. Sabadell, que llevaba una subida en bolsa muy fuerte los anteriores quince días, cierra ese día con un ascenso del 3,37 por ciento. Las acciones de BBVA caen un 6,65 por ciento.

En los cuarteles generales de BBVA, el clima también está enrarecido. Al día siguiente, aprovechando que los mercados están cerrados por la festividad del 1 de mayo, la cúpula decide hacer públicos todos los detalles de la propuesta económica presentada a Sabadell. Desnudarse así es algo completamente inusual en operaciones en fase preliminar. En Barcelona eso no sienta bien. No les parecen maneras.

Ambos bancos se han acusado siempre el uno al otro de la famosa filtración de *Sky News*.

Oliu y González-Bueno contratan asesores a toda prisa (Morgan Stanley y Goldman Sachs) y convocan un consejo de administración extraordinario para valorar la oferta de BBVA para el lunes, 6 de mayo. Deben decidir con objetividad si esa propuesta es buena o no para sus doscientos mil accionistas.

La víspera, Torres fuerza un poco más la máquina. Le dice a Oliu vía *email* que la bolsa ha hablado, que BBVA ha perdido 6.000 millones de euros de capitalización en menos de una semana y que tiene las manos atadas. La oferta no es negociable en absoluto. El banco catalán acaba publicando este correo electrónico días después para dejar en evidencia a su competidor.

La cúpula del Sabadell se reúne. El mexicano David Martínez, primer accionista individual del banco, es de los primeros en intervenir:

—Esta oferta no es tan mala. El Consejo la tiene que considerar.

Tras siete horas de deliberación, los consejeros la rechazan porque «infravalora significativamente» el valor de la entidad. «Si BBVA dice que el precio es innegociable, lo que tenemos que hacer es decir no a la oferta. Ya vendrán con algo mejor si acaso», piensan los consejeros del Sabadell, según la reconstrucción de los hechos realizada para este libro.

Oliu ha participado en decenas de conversaciones de fusión en su larga trayectoria. Es consciente de que BBVA puede atreverse a lanzar una opa hostil sobre Sabadell, porque el banco carece de un núcleo duro de accionistas y la mayoría de su capital cotiza en bolsa. Pero también sabe que el precio tendría que ser forzosamente más alto y que el riesgo de que la operación salga mal es considerable, porque el 48 por ciento del capital del Sabadell está en manos de pequeños inversores. Este tipo de accionistas suelen seguir la recomendación del Consejo de Administración en estos casos. Los analistas también ven la opa un escenario improbable. Alantra, Autonomous, JB Capital y Kepler publican informes en ese sentido.

Pero sucede. El 9 de mayo, Torres activa el botón del pánico y lanza una opa sobre el cien por cien del Sabadell. La oferta valora el banco en 12.200 millones de euros, un 30 por ciento más de lo que capitalizaba en bolsa el día anterior. Es exactamente el mismo precio ofrecido en el proyecto de fusión amistosa. Pero ahora son los accionistas, no la cúpula, los que deben decidir.

Acaba de iniciarse la primera opa hostil en el sector bancario desde el frustrado asalto del Banco Bilbao sobre el Banesto de Mario Conde en los años ochenta. La cotización de BBVA se desploma un 6,71 por ciento y la del Sabadell sube un 3,17 por ciento.

Nadie lo sabe entonces, pero los de Carlos Torres tienen muchas cosas en marcha. Su primer movimiento táctico es intentar contratar a Gabriel Martínez, la persona que había liderado con éxito la comunicación del Sabadell durante los últimos quince años, la mitad de ellos desde el primer nivel en el organigrama. Es una persona muy reputada en la profesión que hoy trabaja para Joan Laporta como máximo responsable de prensa del FC Barcelona. Quién mejor que él para ganar la opa. En aquel momento estaba en nómina de Roman Reputation matters. La agencia de comunicación habla con Oliu, que inmediatamente reacciona y ficha a la firma para evitar tenerla enfrente en la batalla, según fuentes conocedoras del proceso.

La opa se lanza un jueves y ese mismo domingo se celebran en Cataluña las elecciones más calientes en muchos años. El independentismo está de capa caída por las luchas intestinas entre Junts y Esquerra Republicana de Catalunya (ERC), pero el globo no se ha desinflado. Carles Puigdemont se presenta como candidato por Junts. Tres meses después de aquella campaña fue cuando aparece en Barcelona para dar un mitin y se da a la fuga sin ser arrestado.

El Gobierno muestra desde primera hora su oposición firme a la operación por boca del ministro de Economía, Carlos Cuerpo, que interviene esa misma mañana en el V Foro Internacional organizado por el diario *Expansión*. Se muestra contrario especialmente por su carácter hostil, pero no solo. «Si esta operación se llevara a cabo, estaríamos en el segundo puesto europeo en términos de mayor concentración del sistema financiero, con el 70 por ciento en manos de tres entidades», afirma.

La vicepresidenta del Gobierno María Jesús Montero va todavía más lejos: «El Gobierno no va a autorizar la operación porque entiende [...] que conllevaría una excesiva concentración [...] y porque preocupa la cohesión territorial». El Ejecutivo recuerda que tiene la última palabra a la hora de aprobar una eventual fusión. La ley no le permite parar la opa (la operación de compra), pero sí la integración de ambos en un solo banco.

El presidente del Gobierno, Pedro Sánchez, está muy molesto porque Carlos Torres no había informado de la operación a Moncloa hasta la noche anterior.

Esa llamada previa de cortesía ni siquiera la hubo con la Generalitat catalana, gobernada entonces por Esquerra Republicana, que se entera a la vez que todo el mundo. Sí están informados, en cambio, algunos reguladores, como la presidenta de la autoridad española de Competencia.

La opa se convierte en protagonista de la recta final de la precampaña electoral y consigue que el polarizado arco político catalán se ponga de acuerdo por primera vez en mucho tiempo en una cosa: Sabadell no puede desaparecer. La operación empresarial se politiza en ese mismo instante y así lo estará hasta el final.

Para Esquerra Republicana es antinatural salir en defensa de un banco por un tema ideológico. Pero lo hace en este caso. Su *consellera* de Economía, Natàlia Mas, tiene una alta sensibilidad al sector bancario porque ha trabajado como economista en el Banco Central Europeo. Rápidamente entra en escena y alerta de la amenaza de una reducción seria de la competencia para los ciudadanos catalanes, de la pérdida de peso económico de Cataluña y del brutal recorte de empleo que supondría una fusión por absorción. Manda una carta a Margrethe Vestager, entonces comisaria europea de Competencia, para frenar la operación. Y otra a Cani Fernández, presidenta de la Comisión Nacional de los Mercados y la Competencia (CNMC). Si la opa triunfa, prácticamente el 75 por ciento de las oficinas bancarias quedarían en manos de CaixaBank y de BBVA, esgrime.

Puigdemont ve en la opa de BBVA «una estrategia para liquidar la actividad bancaria catalana» y llama a contestarla «con toda la fuerza» a través de un mensaje en X. Salvador Illa, entonces candidato por el Partido de los Socialistas de Cataluña (PSC) a la presidencia de la Generalitat, se muestra más tibio que otros, pero también habla del peligro de una excesiva concentración bancaria en el territorio catalán.

Carlos Torres intenta apagar el incendio político como puede. Pide una reunión con el presidente de la Generalitat, Pere Aragonès, para explicarle el proyecto y le asegura que el crédito al tejido empresarial no está en peligro. Al contrario, el banco abrirá la mano con la financiación.

Torres se reúne también con otros políticos y llama a Josep Sánchez Llibre, presidente de la patronal empresarial Foment del Treball y vicepresidente de la Confederación Española de Organizaciones Empresariales (CEOE), que ya había hecho alguna declaración pública en contra de la operación. Este exdiputado de Convergència i Unió tiene una relación muy fluida con todos los partidos y es una persona clave en cualquier discusión y debate sobre el mundo empresarial catalán.

Torres también habla con Antoni Cañete, presidente de Pimec, la patronal de las pymes en Cataluña y otro nombre propio relevante en esta operación. Ambos se han colgado la medalla del fracaso de la opa de BBVA.

La bola va creciendo. A las dos semanas escasas se celebran las jornadas del Cercle d'Economia. Se trata del acontecimiento económico más importante del año en Barcelona. Es un punto de encuentro para las élites de la burguesía de negocios, altos directivos empresariales, políticos y todo aquel que es alguien en Cataluña.

Alberto Núñez Feijóo es uno de los invitados estrella. El líder del Partido Popular (PP) muestra sus reservas hacia la opa de BBVA. «Un banco está muy imbricado en la sociedad. Es muy poroso y también un elemento de cohesión empresarial.

Si va bien y está arraigado en sus territorios, hay que pensárselo muy bien antes de autorizar una fusión», señala. Carlos Mazón, presidente de la Comunidad Valenciana, también se había opuesto con dureza. En 2017, Oliu había movido la sede social del Sabadell a Alicante, su segundo mayor caladero de ingresos en España, ante la amenaza de una declaración unilateral de independencia en Cataluña. El ministro Carlos Cuerpo cierra las jornadas del Cercle d'Economia dejando claro que el Gobierno es contrario a la operación.

El rechazo del mundo político catalán es una constante durante el año y medio de pulso entre BBVA y Sabadell. En la primavera de 2025, el expresidente de la Generalitat Artur Mas, Pere Aragonés, el exconsejero de la Generalitat Andreu Mas-Colell, el expresidente de la Comunidad Valenciana Ximo Puig y el líder de ERC, Oriol Junqueras, firman un manifiesto en contra de la opa hostil de BBVA y en defensa del interés general. «Las implicaciones van mucho más allá del ámbito corporativo: existen riesgos reales para el empleo, la cohesión territorial y el acceso a la financiación de las pymes», dice el documento.

En junio, ERC, PSC, Junts, Comuns y el partido de ultraderecha Aliança Catalana aprueban una moción en el Parlamento de Cataluña para exigir a Pedro Sánchez que salga en defensa del interés general y de la estabilidad económica y social de Cataluña. Piden directamente al Gobierno que «impida la materialización» de la operación, algo que en realidad no está legalmente en manos del Ejecutivo. El PP y la CUP se abstienen y Vox vota en contra.

¿Era consciente Carlos Torres del lío en el que se estaba metiendo lanzando una opa hostil a tres días de unas elecciones catalanas críticas, que podían decidir también la gobernabilidad en España? ¿Sus colaboradores le advirtieron del riesgo de que germinara un fuerte clima anti-BBVA en Cataluña, su mercado geográfico más importante en España por volumen de negocio desde la absorción de seis cajas de ahorros catalanas tras la última crisis?

A posteriori, el banquero ha explicado en público que la filtración periodística trastocó por completo su hoja de ruta. La cotización del Sabadell estaba disparada y no les quedó más remedio que lanzar la opa enseguida. En círculos financieros muchos sostienen que hubo un error de cálculo importante y que se subestimó la importancia de la política para un sector tan regulado como el bancario.

BBVA era desde hacía años el segundo banco de Cataluña tras CaixaBank. Pero la cúpula de BBVA no parecía haber cuidado suficientemente las relaciones con el poder político. Nunca se había reunido con Pere Aragonès. Tampoco con Jaume Giró cuando era *conseller* de Economía ni con Natàlia Mas. Los más altos directivos de BBVA estaban convencidos de que la beligerancia inicial del Gobierno de Pedro Sánchez era en parte impostada y que se desinflaría tras la contienda electoral catalana. Su opinión era lo que realmente les importaba porque Sánchez era el único que tenía competencias para poner trabas a la operación. El tiempo, sin embargo, les fue quitando la razón.

Torres es un consultor de McKinsey reconvertido a banquero que solo habla el lenguaje financiero. Josep Oliu, por el contrario, es un banquero que las ha visto de todos los colores en su trayectoria, con una visión mucho más holística de las situaciones y sobre todo una persona que sabe moverse muy bien en círculos políticos y tejer complicidades. Además está considerado una voz muy influyente dentro de la burguesía catalana. Todo eso fue determinante en esta opa.

Su mayor afinidad ideológica siempre ha sido con el PSC. Cuando desapareció Convergència, Oliu se sintió huérfano y se acercó todavía más al socialismo catalán, que es un catalanismo suave. Tiene buena relación con el expresidente de la Generalitat José Montilla y también con Salvador Illa. Cuando la operación más importante en la historia del Sabadell acabó en la mesa del Consejo de Ministros, tuvo la suerte de que un socialista gobernara en España y otro socialista en la Generalitat.

El banquero siente simpatía hacia el presidente del PP en Cataluña, Alejandro Fernández. Su relación con Junts (un partido muy distinto de la antigua Convergència) es algo forzada, pero tiene hilo directo con Albert Batet, líder de Junts en el Parlamento catalán. Los dos grandes créditos bancarios que tiene este partido se los ha dado Sabadell. Con Esquerra Republicana hay trato, pero la relación es simplemente correcta.

A BBVA le ha costado crear arraigo en Cataluña. No se percibe como un banco catalán, a pesar de llevar años como segundo banco en ese mercado. Tiene mucha cuota de mercado y mantiene algunos patrocinios, pero esta operación corporativa ha dejado al descubierto que no contaba con las suficientes antenas puestas en el territorio o no había sabido mover las sensibilidades necesarias para que el proceso fluyera y saliera adelante sin demasiados problemas.

Dicho esto, nadie le puede echar en cara a Carlos Torres que no se haya implicado en esta compra. En año y medio ha viajado a Cataluña en innumerables ocasiones, seguramente más que en toda su vida. No ha habido evento importante en el que no estuviera sentado en primera fila. Regó mucho, pero ya era tarde. Todo tiene su momento en la vida. Políticamente solo tuvo el aval del presidente vasco, pero tibio y muy al final del proceso.

Torres es consuegro de Carles Sumarroca, miembro destacado de la burguesía catalana. En el Consejo Asesor de BBVA en Cataluña se sientan notables de las élites empresariales, como José Luis Bonet (Freixenet) e Ignasi Ferrero (Idilia Foods). Todos ellos lo tenían informado del clima contrario a la absorción del Sabadell entre los altos directivos de compañías y por parte de las pymes por el miedo a tener menor oferta de crédito en un futuro y mucho más cara. Muchos le decían: «Olvídate, Carlos. El empresario no quiere».

Sin embargo, él estaba seguro de que la integración tenía mucho sentido industrial para los dos bancos y convenció al Consejo de BBVA para seguir adelante contra viento y marea: «Lo fácil sería renunciar, pero nos pagan por intentarlo».

3

LAS NEGOCIACIONES
FALLIDAS DE 2020

La opa hostil de BBVA no nació de la nada. El interés casi obsesivo por Sabadell venía de atrás. Carlos Torres había intentado comprar sin éxito Sabadell cinco años antes, pocos meses después del estallido de la pandemia del COVID. Es decir, en pleno 2020. Ya habíamos superado los tres meses de confinamiento domiciliario, pero existían restricciones de movimientos en España y todavía no habían llegado las vacunas.

El presidente de BBVA estuvo negociando de manera formal durante un intenso mes los términos de una fusión amistosa con Josep Oliu, que en aquel entonces sí estaba muy receptivo.

Al contrario que con la opa de 2024, el momento para BBVA no podía ser mejor. Sabadell estaba en la situación de debilidad más extrema de su historia reciente, porque la pandemia lo había pillado muy justo de capital y había vivido una pesadilla en Reino Unido que le había provocado un agujero de 400 millones con TSB, su banco escocés. La cotización del Sabadell estaba por los suelos. Llegó a marcar un mínimo de 0,25 euros, cuando en enero de 2025 cotizaba a 3,2 euros.

Sorprendentemente, todo saltó por los aires por una diferencia económica de apenas 500 millones de euros. BBVA ofrecía por Sabadell a través de un pago en acciones un valor equivalente a unos 2.500 millones, y Sabadell exigía 3.000 millones. Esos 500 millones eran una nimiedad para un elefante bancario que buscaba una operación que aumentaba de golpe su tamaño en España. Además, tenía el bolsillo lleno porque acababa de anunciar la venta por una cantidad milmillonaria de su negocio de banca minorista en Estados Unidos.

Visto con los ojos de ahora, los 3.000 millones por los que estaba dispuesto Sabadell a ceder el control del banco eran una gota comparados con los 12.200 millones que ofrecía BBVA al inicio de la opa de 2024.

El banco catalán venía de una época muy mala en bolsa. Estaba claramente en horas bajas. Había engullido una cadena importante de bancos en un tiempo récord. Algunos muy grandes, como la CAM. Después vinieron seis años de tipos de interés negativos en Europa, el peor escenario para cualquier banco. La digestión se le hizo muy pesada. Con la compra de la caja de ahorros alicantina, Sabadell se empachó de créditos impagados de promotores inmobiliarios y no le había dado casi tiempo a sacarlos del balance. Sabadell valía en bolsa casi la mitad que Bankinter, a pesar de que su tamaño de balance era muy superior.

Cuando comenzaron las negociaciones con BBVA, el banco hipotecario que tenía en Reino Unido era un quebradero de cabeza muy serio para Sabadell. No tenía problemas de solvencia, pero sí uno muy serio de reputación por culpa de la malograda implantación de una nueva plataforma tecnológica que le provocó pérdidas tres años seguidos en la cuenta de resultados.

Y después vino el COVID, que provocó un meneo importante en el sector bancario y lo cubrió de una densa niebla de incertidumbre. No sabíamos a que nos enfrentábamos con esa pandemia y la expectativa inicial era que las vacunas podían tardar en llegar tres o cuatro años. El gran temor era que se disparara la tasa de impagos hipotecaria, pero sobre todo que empezaran a caer empresas, el caladero de ingresos del Sabadell.

Para engordar el colchón de capital y mejorar su solvencia, la cúpula del banco catalán tuvo que vender algunas de las joyas de la corona.

La primera, la plataforma de venta de inmuebles Solvia a Intrum por 240 millones. Después, su promotora inmobiliaria al gigante del capital riesgo Oaktree por 882 millones. Ambas transacciones las hizo Jaume Oliu, el hijo mayor de Josep Oliu, que trabajó siete años en Sabadell como directivo de segundo nivel.

La cosa fue *in crescendo*. Sabadell se desprendió de otra pieza de caza mayor, su gestora de fondos de inversión, la quinta por tamaño de toda España. Traspasó el cien por cien de la empresa al gigante francés Amundi por 430 millones de euros. El trato incluía un acuerdo comercial por diez años por el que Sabadell se comprometía a vender los productos de inversión de Amundi en su red de sucursales.

Meses después anunció la venta a otro francés, BNP Paribas, de su negocio de depositaría de fondos de inversión. La cantidad pactada ascendió a 115 millones.

La cadena de traspasos se completó con su filial de *renting* de vehículos, que pasó a manos de ALD Automotive (propiedad de Société Générale) por 59 millones de euros.

En aquel momento, Sabadell y todos los bancos españoles estaban obligados a reforzar su balance por exigencia del Banco Central Europeo (BCE). El banco catalán valía tan poco en bolsa (apenas 0,25 euros) que cualquier rumor de mercado de un problema de solvencia podía provocar una fuga de depósitos y llevarse por delante la entidad. Ya se había visto un desenlace fatal tres años antes con Popular, una entidad que tenía muchos parecidos razonables con Sabadell por su especialización en pymes y empresas. Si Popular había caído por una salida masiva de dinero de clientes en solo unos días, ¿por qué no Sabadell?

Todos los banqueros españoles trabajaron intensamente durante el COVID. El miedo a lo que podía suceder ante una situación inédita provocó algo que absolutamente nadie se vio venir. El Gobierno e Isidro Fainé pactaron en apenas un verano una operación que siempre había parecido tabú, la fusión de CaixaBank con la nacionalizada Bankia (construida sobre la base de Caja Madrid y Bancaja). La transacción se anunció en septiembre de 2020.

Abierta la veda de las operaciones corporativas, Carlos Torres y Josep Oliu tomaron el testigo apenas unas semanas después, a finales de octubre. Nadie supo de esas negociaciones durante dos o tres semanas, hasta que saltaron a la prensa. El nombre en clave de la operación fue Frida.

Los dos banqueros se pusieron de acuerdo en una ecuación de canje. Los accionistas del Sabadell entregarían nueve acciones y recibirían una de BBVA. La prima que ofrecía la fusión para los de Oliu era de alrededor del 20 por ciento, como la que se pactó en la transacción CaixaBank/Bankia. Torres daba un valor cero (incluso se habló de un valor negativo) a TSB, un banco hipotecario con problemas, pero con cinco millones de clientes. Era la novena entidad de Reino Unido en su segmento.

Tres hombres del Sabadell se sentarían en el Consejo de Administración de BBVA. El centro corporativo del Sabadell en Sant Cugat se mantendría tras la fusión.

El plan de BBVA, asesorado por Deloitte, era prescindir de la mitad de la plantilla de los servicios centrales del Sabadell y recortar un 80 por ciento la red comercial en Cataluña, según fuentes que participaron en el proceso.

Sin embargo, el lunes 16 de noviembre se produjo un giro de guion. BBVA anunció una de las operaciones más exitosas que ha hecho en los últimos años. El responsable de Estados Unidos, Javier Rodríguez Soler, había vendido todo el negocio minorista en el país por 9.700 millones de euros. Las plusvalías ascendían a 580 millones.

BBVA había mantenido totalmente en secreto esa transacción. También se la había ocultado a la cúpula del Sabadell, que se enteró de ella a la vez que todo el mundo.

La bolsa se volvió loca con la operación. La cotización de BBVA llegó a dispararse un 21 por ciento, su mayor ascenso en diez años. Finalmente se anotó un 15,25 por ciento. Pero las acciones que más se calentaron ese día fueron las del Sabadell, que empezaron a escalar sin freno. Los directivos de BBVA habían señalado en una rueda de prensa que destinarían ese dinero a crecer en algunos de sus mercados insignia. Y los inversores más especuladores miraron a Sabadell.

Esa misma tarde, *El Confidencial* publicó que las negociaciones con Sabadell estaban ya en marcha y que varios bancos de inversión estaban trabajando en la operación. Ese lunes, la acción del Sabadell se disparó un 24,5 por ciento, una subida récord.

El calentón bursátil lo cambió todo. Los especialistas en operaciones corporativas de BBVA convencieron a Carlos Torres de que debía apretar más y el banquero quiso cambiar la ecuación de canje pactada con Oliu, según fuentes cercanas al proceso. Incluso se habló de modificar ese esquema por un desembolso en metálico, pero por una cantidad sensiblemente más baja. BBVA quería pagar menos de lo que se había revalorizado la acción del Sabadell tras la noticia de la fusión.

La cúpula de BBVA, además, exigía ver información muy de detalle del Sabadell. Eso incluía el libro completo de clientes del banco catalán. A los de Oliu les pareció un despropósito. No es habitual desnudarse tanto en unas negociaciones de fusión.

Los de Torres, además, no habían respondido a la petición de datos del Sabadell sobre el proceso penal que tenía abierto BBVA en la Audiencia Nacional por presuntos trabajos realizados en el pasado por el excomisario de policía José Manuel Villarejo, afirman esas fuentes. Y les costaba transigir con la solicitud de que Oliu fuera vicepresidente de BBVA. Si Carlos Torres acababa imputado, todos los poderes recaerían en el banquero catalán, y eso no gustaba.

El presidente del Sabadell quería, además, imponer a Carlos Ventura como primer ejecutivo del grupo BBVA en España. Pero Carlos Torres no estaba por la labor.

Por otra parte, en el Consejo de Administración de BBVA había ciertas discrepancias. Jaime Caruana, exgobernador del Banco de España, expresó algunas dudas. «Hacía días que no nos poníamos de acuerdo en nada y todo embarrancó», recuerda una persona que vivió en primera persona esas negociaciones.

Jaume, el hijo mayor de Oliu, era entonces responsable de Operaciones Corporativas y Estrategia del Sabadell. El banquero lo escuchaba mucho. Él le aconsejó (como otros altos directivos) abortar los contactos. Y el banquero decidió plantarse y no malvender el banco.

Si había que romper, lo mejor era hacerlo cuanto antes. En caso contrario, se corría el riesgo de que la cotización se desplomara. Cuando unas negociaciones se alargan mucho y están las revisiones de números (*due diligence*) ya terminadas, existe la posibilidad de que empiecen a circular rumores de que el comprador ha encontrado sorpresas inesperadas en el banco que pretende adquirir.

Oliu convocó un consejo de administración telemático a última hora de la tarde de ese jueves, que decidió por unanimidad abortar las negociaciones de fusión a altas horas ya de la noche. La decisión se comunicó a la CNMV a primerísima hora de la mañana del viernes. La cotización del Sabadell cayó un 13,6 por ciento y la de BBVA subió un 5 por ciento.

El banquero catalán decidió activar entonces su plan B, sabedor de que tenía un problema de credibilidad ante el mercado, de que el banco carecía de núcleo duro accionarial y de que estaba en una posición débil.

Por suerte creía tener la persona adecuada. Su hombre para ejecutar el recorte de plantilla, de estructura y de gastos generales que tenía que realizar Sabadell para afrontar con garantías una nueva etapa sería César González-Bueno, el artífice del éxito de ING en España. Con él llevaba hablando desde antes de iniciar las negociaciones de fusión con BBVA.

Los últimos años habían sido de mucho desgaste para el entonces número dos de Oliu, Jaume Guardiola, por la crisis de TSB y por la caída de la capitalización bursátil. Aspiraba a ser presidente algún día, pero estaba cansado y quería jubilarse. Llevaba tiempo pidiéndoselo a Oliu. Si hubiera salido adelante la unión con BBVA, se hubiera quedado unos meses para facilitar la integración de los dos bancos, pero, en caso contrario, quería salir de la entidad.

Cuando Sabadell cerró la puerta a BBVA, tuvo la suerte de que González-Bueno seguía disponible y no había fichado por ningún competidor.

Oliu le tenía echado el ojo desde hacía tiempo. Al banquero catalán le gustan las personas transgresoras y al frente de ING se había convertido años atrás en el Maverick de la banca. González-Bueno implantó en España a finales los noventa un modelo de banca inaudito entonces en nuestro país. Sin sucursales, solo funcionaba por teléfono. ING se digitalizó rápidamente y se convirtió en una incubadora de productos rompedores, como la icónica Cuenta Naranja, que sigue en su catálogo más de veinticinco años después.

Su éxito obligó al resto de banqueros españoles, que vivían muy cómodos en sus poltronas, a ponerse las pilas en todo lo referente a tecnología, digitalización y desarrollo de aplicaciones para poder hacer toda la operativa bancaria desde el móvil. Sentían por González-Bueno una mezcla de amor/odio.

Este directivo sabía lo que era tomar decisiones radicales porque había liderado el reflotamiento de NovaCaixaGalicia, la entidad surgida de la fusión de las dos cajas gallegas tras su rescate por el Estado. Y posteriormente había creado desde cero el banco digital Evo Banco. Lo hizo junto con José María Castellano, el directivo que sacó a bolsa Inditex.

Oliu llamó a González-Bueno, que entonces buscaba nuevos retos profesionales, y le ofreció ser consejero de TSB. Ver cómo se defendía con los ingleses, algo nada fácil, era una buena manera de probarlo.

González-Bueno superó el proceso de selección exprés en el que también se evaluó a otros candidatos. Incluido un nombre de la casa, Carlos Ventura, la persona que años después ha estado dirigiendo el día a día del negocio mientras el presidente y el consejero delegado buscaban apoyos y complicidades para defenderse de la opa de BBVA.

Una de las primeras decisiones del nuevo consejero delegado González-Bueno fue convencer al presidente Oliu de que su hijo Jaume debía cerrar su etapa en Sabadell. Su presencia podía mandar una señal equivocada al mercado, porque los Oliu no controlan el banco. Su trabajo de limpieza de todo el riesgo inmobiliario de la CAM había concluido y era el momento.

El banquero lo entendió. En el fondo le estaba haciendo un favor a su hijo, que nunca hubiera podido quitarse la etiqueta de «hijo de» si iba subiendo más peldaños. Jaume se dedica ahora a invertir en hoteles de toda España desde Harvest, su gestora de capital riesgo.

González-Bueno no llegó solo a la cúpula de Sabadell. El otro fichaje exprés fue el de Leopoldo Alvear (hoy en Société Générale) como nuevo director financiero. Venía de Bankia, donde se había fogueado durante los años difíciles del reflotamiento a las órdenes de José Ignacio Goirigolzarri.

Oliu aprovechó para dar un paso a un lado. Después de veinte años concentrando prácticamente todo el poder ejecutivo decidió cedérselo a González-Bueno y tener un rol más institucional. De esta manera contentaba al Banco Central Europeo.

La misión del nuevo hombre fuerte del Sabadell era clara: recortar estructura, renegociar contratos con proveedores para aligerar la base de costes y digitalizar el banco minorista. Y la de Leopoldo Alvear, ganar credibilidad ante el mercado.

Tuvieron un golpe de suerte inesperado. Estados Unidos aprobó la primera vacuna contra el COVID, la de Pfizer, y la euforia se apoderó de los mercados.

El Consejo del Sabadell eliminó ese año el reparto de dividendos a sus accionistas. Se inició un proceso enormemente intenso de adelgazamiento. En año y medio, González-Bueno cerró el 25 por ciento de la red comercial de Banco Sabadell y recortó el 22 por ciento de la plantilla con expedientes de regulación de empleo. Sorprendentemente, con muy bajo ruido sindical.

González-Bueno cumplió su tarea, aunque es verdad que el viento sopló a favor. Un año después de su llegada, el Banco Central Europeo subió los tipos de interés por primera vez en once años (la espiral alcista siguió) y se dejó atrás la anomalía que supuso para el sector la larga etapa de tipos negativos.

Este directivo ha sido una persona absolutamente clave en la victoria del Sabadell en la opa hostil. Nadie lo duda.

El hecho de ser madrileño ha sido un punto a favor en la defensa numantina para evitar la desaparición del Sabadell. La manera de ser del directivo catalán es contenida, de perfil bajo.

Impera el *seny*. González-Bueno, en cambio, ha actuado como un directivo desacomplejado, agresivo, y ha tenido todo el tiempo la actitud del que no tiene nada que perder. Ha demostrado ser una persona que se crece en las situaciones difíciles. Antiguos colaboradores de otras entidades lo vieron más en forma que nunca.

Es un hombre extremadamente exigente y meticuloso. Tiene un carácter fuerte, a veces explosivo, para lo bueno y para lo malo, según quienes lo conocen.

Lo primero que hizo fue mudarse a Barcelona. No todos los directivos de empresas catalanas viven allí. Se impregnó del ADN de la casa en un tiempo récord y ha sabido sacar lo mejor de la plantilla en un momento crítico. El objetivo era obtener la mejor cuenta de resultados posible y disparar la cotización para frustrar la opa. La multiplicó por 12 en cinco años. Elevó la moral y el nivel de compromiso de sus diecinueve mil empleados a máximos. Sabadell llegó a registrar en un año un beneficio de 1.800 millones, una cifra nunca vista en su historia de casi ciento cincuenta años. Ni siquiera en los años previos al estallido de la burbuja. El año del COVID había ganado apenas 2 millones. González Bueno se entregó tanto que decidió dejar el banco. La cohabitación con Oliu no fue del todo perfecta. A determinado precio, el presidente hubiera recomendado a los accionistas vender al BBVA. El consejero delegado probablemente no, según fuentes conocedoras.

González Bueno hubiera podido ser un buen presidente del Sabadell, pero Oliu no tiene pensado jubilarse pronto. E, internamente hay otros candidatos con más opciones para sucederle, como Pedro Fontana.

4

LA HÁBIL DECISIÓN DE RETORNAR
LA SEDE A CATALUÑA

A mitad de opa, Josep Oliu hizo una jugada muy inteligente al devolver a Cataluña la sede social y fiscal del banco que entonces estaba en Alicante. Allí se había trasladado a toda prisa en 2017 en el punto más álgido del *procés* independentista. La retirada de dinero de los clientes fue masiva por el miedo a lo que pudiera suceder y llegó a sufrir una salida de depósitos por valor de 4.600 millones en apenas unos días. A CaixaBank le pasó otro tanto de lo mismo.

El regreso a Cataluña se ejecutó de un día para otro, pero se había tejido en secreto bastantes semanas antes. Fue una decisión absolutamente personal del presidente Josep Oliu, oriundo de la misma ciudad en la que se había fundado el banco. La tomó poco antes de la Navidad de 2024.

Estaba loco por volver y Cataluña se había volcado con el banco. Todo el tejido empresarial, pero no solo; también los sindicatos, las élites del Cercle d'Economia, los partidos políticos y las fuerzas vivas de la sociedad civil iban a una en una cosa: Sabadell era una pieza troncal para la economía catalana y no podía desaparecer absorbido por otro competidor.

Sabadell nunca dejó de ser un banco catalán por haber movido la sede a Alicante. Los cuarteles generales y la alta dirección se habían quedado en Sant Cugat. Pero quizá era el momento de demostrar que era catalán a todos los efectos.

Políticamente, el escenario había cambiado mucho. Salvador Illa había sido investido presidente de la Generalitat apenas unos meses antes, en agosto, con el apoyo de Esquerra Republicana y de Comuns Sumar.

El banquero había sondeado previamente a algunos políticos para conocer sus sensaciones. Por ejemplo, Alejandro Fernández, presidente del Partido Popular en Cataluña, veía antinatural que Sabadell siguiera fuera de casa. En el mundo del socialismo catalán estaba claro que todo iban a ser parabienes. Si había retorno de la sede, el PSC lo podía capitalizar incluso más que el propio Oliu.

El banquero pensó para sí: «Cataluña está en pie. El Gobierno de la Generalitat de Illa tiene interés político en que Banco Sabadell siga existiendo y el resto no lo ve mal. Voy para adelante».

Oliu siempre llevó mal el exilio, por más que Alicante los hubiera recibido con los brazos abiertos. Se habían decantado por esa ciudad porque es un importante feudo de negocio desde que absorbió la CAM. De hecho, es el único lugar de España en el que es líder de mercado. Pero él soñaba desde hacía años con tener una razón para volver. Y esa razón fue la opa hostil, que le permitía hacerlo sin coste comercial en ninguna zona de España. Tenía poco que perder y mucho que ganar política y socialmente.

Tomada la decisión, Oliu y González-Bueno se entrevistaron con Salvador Illa:

—*President*, es el momento. Volvemos.

La noticia suponía un aval importantísimo para él, prácticamente recién iniciado su mandato. La lectura que iba a hacer todo el mundo era que las empresas certificaban que su llegada a la Generalitat era sinónimo claro de cambio de ciclo, de normalización política y de superación de años convulsos. Y además tenía una carga simbólica importante. Sabadell había sido precisamente la primera gran compañía que había dejado Cataluña con motivo del *procés*.

Ese regalo suponía un elemento adicional de presión a la Generalitat y al Ejecutivo central para poner palos en las ruedas a la operación de BBVA. Pedro Sánchez tenía la potestad legal de imponer restricciones por razones de interés general. Él era personalmente contrario, y dificultar la opa le venía bien para poder seguir porfiando por los votos parlamentarios de Junts en otros ámbitos.

El siguiente en saberlo fue el ministro de Economía, Carlos Cuerpo. Durante los más de quinientos días que duró la opa, Oliu lo fue informando de cada paso importante que iba dando en su lucha numantina para evitar que Sabadell acabara absorbido.

Tras la Navidad se puso la maquinaria en marcha dentro de la organización. César González-Bueno convocó justo a la vuelta a unos cuantos directivos clave a una reunión.

—¿Qué os parece? —dijo.

El núcleo duro se puso a trabajar de inmediato. Se buscaba dar un golpe de efecto y para eso era imprescindible que la junta anual de accionistas de marzo se celebrara ya en la capital vallesana. Esa foto podía ser un elemento muy potente para terminar de mover sensibilidades y seguir manejando el relato. Era necesario evidenciar que el pequeño accionista, propietario de menos del 50 por ciento del banco, estaba de su lado y que era un bloque fuerte y compacto. Por tanto, no había tiempo que perder.

El plan de comunicación inicial era informar de la decisión en persona a los principales dirigentes de todos los partidos políticos a lo largo de una semana y acto seguido aprobarlo en un consejo de administración extraordinario a finales de enero. Pronto se dieron cuenta de que ese protocolo no era realista y decidieron concentrarlo todo en veinticuatro horas.

Cuando apenas habían hablado con dos o tres políticos, llegó la primera llamada de un periodista al banco. Era del diario *ABC* y ya le había llegado la noticia. En ese mismo momento, la entidad convocó el consejo para el día siguiente.

Unas horas antes y de una manera un tanto atropellada por culpa de la filtración, que no se esperaba tan pronto, Oliu y González-Bueno llamaron a Carlos Mazón, presidente de la Comunidad Valenciana:

—Hemos estado muy bien en Alicante, pero lo tienes que entender...

La noticia obviamente no le gustó. Pero la cúpula del Sabadell le garantizó que respetaría el cien por cien del empleo y la red de oficinas. Y que mantendría el centro tecnológico.

Todo el mundo lo entendió cuando por fin se hizo oficial. En el seno de BBVA fue una sorpresa relativa. Muchos directivos daban por descontado que utilizaría esa bala.

¿El banco hubiera vuelto sin opa de por medio? Quizá. Mover una sede de ciudad es un movimiento que se mide milimétricamente en cualquier empresa. Hay que dar muchas explicaciones y es una operación de riesgo. Ante la duda es mejor no hacerlo.

A las cinco semanas del regreso del Sabadell, Isidro Fainé también movió ficha, pero solo parcialmente. La sede de la Fundación La Caixa (tercera mayor fundación del mundo) y la de Criteria (el mayor *holding* empresarial de España) retornaron de Palma de Mallorca. Sin embargo, CaixaBank, con casi diecinueve millones de clientes en el conjunto de España, sigue domiciliado en Valencia. Probablemente no vuelva nunca.

Con la vuelta a su ciudad natal, Oliu se reconcilió con Puigdemont, que había considerado una traición la apresurada huida a Alicante. Junts amagó con imponer, en el marco de la investidura de Pedro Sánchez, un decreto que sancionara a las empresas que no devolvieran sus sedes a Cataluña. Eso provocó un duro choque con Josep Sánchez Llibre, el capitán de la élite empresarial catalana.

La histórica junta de accionistas de la vuelta del banco a Sabadell se celebró el 20 de marzo de 2025. Se esperaba una asistencia masiva, mucha reafirmación del sentimiento de pertenencia a la entidad y de apoyo a la cúpula y los directivos. Hubo eso y también mucha emoción, siempre dentro de la característica contención catalana. El nivel de participación alcanzó las mil personas, un aforo histórico no visto desde la compra del Banco Atlántico veinte años atrás.

El acto se abrió con los compases del «Himno de la alegría», interpretado por la Orquesta Sinfónica del Vallés en una actuación grabada hace unos años y realizada a las puertas de la sede social histórica del Sabadell, donde nació hace ciento cuarenta y cinco años.

En primera fila estaban sentados familiares muy directos del presidente del banco, Josep Oliu. Entre ellos, su mujer Victòria (su gran apoyo en los largos meses de la opa) y sus hijos. Acudió Olaf Díaz-Pintado, el hombre fuerte de Goldman Sachs que asesoró a Sabadell en este proceso. Y Héctor Colonques, presidente de Porcelanosa y accionista histórico del banco. También se desplazó a Barcelona el gestor de fondos de autor Iván Martín, presidente de Magallanes.

Oliu celebró la vuelta del banco con voz entrecortada y puso en pie a parte de los asistentes. El banquero tiene la mayor parte de su patrimonio personal invertido en Sabadell (ocho millones de acciones).

Lo acompañaban en el estrado el resto de consejeros y el abogado Miquel Roca, secretario del Consejo de Administración desde hace décadas y amigo personal del banquero.

Durante su discurso, Oliu buscó permanentemente la complicidad de la base inversora del Sabadell, pequeños y grandes empresarios con una larga trayectoria como clientes de la entidad. Entre ellos hay muchos autónomos con pequeños negocios, y también dueños de compañías que facturan entre 500 y 1.000 millones de euros anuales. «Ustedes tienen en su mano la continuidad de este proyecto», afirmó entre muestras continuas de agradecimiento por el respaldo recibido.

Fue también un día para sentir los colores y de orgullo de pertenencia al banco. César González-Bueno tuvo guiños con la plantilla por su alta identificación con la entidad en un momento trascendental. «Sois un equipo de primera. El nivel de compromiso que estáis demostrando es increíble y emocionante», señaló.

El recinto ferial de Sabadell se llenó de muchos pequeños accionistas que han ido heredando los títulos de padres a hijos. Es marca de la casa y no sucede en otros bancos cotizados. «El banco ha vuelto a casa. De nosotros depende que la opa de BBVA fracase. No podemos permitir que esta historia de éxito acabe aquí», afirmó Jordi Casas, presidente de la Asociación de Accionistas Minoritarios del Sabadell.

Hubo incluso palabras de respaldo a la alta dirección del Sabadell por parte de los sindicatos, que habitualmente aprovechan las juntas para denunciar la alta presión laboral que sufren para conseguir los ambiciosos objetivos de negocio que marca la cúpula cada año.

Fue también un día de reencuentros de directivos del Sabadell ya jubilados o que trabajan en otras empresas, pero siguen siendo accionistas de la entidad. Allí estaba Jaume Guardiola, exconsejero delegado; Tomás Varela, exdirector financiero; Miquel Montes, exdirector general de Organización, Banca de Particulares y Recursos, y Cirus Andreu, exresponsable de la gestora de fondos de inversión.

Sin embargo, hubo una ausencia muy notable, la del accionista y consejero David Martínez, que gestiona desde Nueva York un fondo milmillonario que tiene más de 600 millones invertidos en Sabadell. Su voto era crucial en esta opa porque la batalla estaba muy reñida. No acudió tampoco a ninguna de las juntas de accionistas que el banco celebró en Alicante.

Aprovechando el acontecimiento, Pimec, la patronal de las pymes catalanas, publicó un manifiesto contra la desaparición de un banco tan imbricado con el tejido empresarial. Su presidente, Antoni Cañete, puso de relieve la importancia que podía tener la decisión que iban a tomar en unos meses los accionistas del banco sobre el futuro de la economía de la región. «Actúen con visión empresarial. Las pymes serán las más afectadas, porque tendrían más dificultad de acceso a la financiación y además sería más cara, con el consiguiente perjuicio para su negocio y para el empleo que generan», argumentó.

A nivel personal, Oliu había vivido el precipitado traslado de la sede a Alicante con verdadera tristeza y dramatismo, según colaboradores cercanos. Pero no había alternativa. El banco necesitaba seguridad jurídica ante una eventual declaración unilateral de independencia. Fueron los días en los que se popularizaron las llamadas «cuentas espejo». La operativa consistía en abrir una cuenta corriente paralela a la existente, pero radicada en una sucursal del banco fuera del territorio catalán. El cliente podía seguir operando igual, pero con la tranquilidad de que su dinero estaba a salvo de un posible «corralito». Es decir, de una limitación a la hora de sacar fondos de la entidad si una autoridad catalana restringía los reintegros.

Antes de dar el paso, Oliu se entrevistó con el entonces *president* Carles Puigdemont y con Oriol Junqueras, *conseller* de Economía, para explicarles de forma personal los motivos que lo habían llevado a una decisión que jamás hubiera querido tomar.

El alud de empresas que salieron de Cataluña en 2017 creó un efecto bola de nieve, en especial entre las grandes: Caixa-Bank, Gas Natural, Abertis, Cellnex, Planeta... En apenas un mes se movieron dos mil compañías, principalmente a Madrid.

En el caso del Sabadell, la mudanza a Alicante vino acompañada de otros movimientos. El banco dejó de celebrar todos los consejos de administración en Sant Cugat. Algunos se empezaron a celebrar en Madrid y otros, en Alicante.

Algunas direcciones generales se movieron a Madrid, como Servicios Jurídicos. El propio Oliu decidió empadronarse en la capital de España, aunque viajaba constantemente a Barcelona.

El tapón a la salida de depósitos funcionó. La recuperación comenzó una semana después del traslado de la sede. El banco llegó a perder 1.873 millones de euros en octubre, pero a la altura de diciembre, incluso antes, los datos ya confirmaban normalidad absoluta y entrada neta de dinero.

El cordón umbilical con la capital de la comarca del Vallès nunca se perdió en esos siete largos años.

El banco siguió patrocinando la Orquesta Sinfónica del Vallés y a la Associació d'Amics de l'Òpera de Sabadell, hoy Fundació Òpera a Catalunya. Continuó apoyando a diversas entidades culturales, como la Fundació Belles Arts, Fundació Bosch i Cardellach, la Fundació Ars... Ahora está liderando el proyecto Sabadell Centre de Cultura junto con el ayuntamiento de la ciudad.

5

EL INTENTO DE FUSIÓN
CON UNICAJA Y ABANCA DURANTE
LA FASE REGULATORIA

La opa hostil de BBVA, con sus más de quinientos días de duración, ha sido la cuarta más larga que ha vivido Europa en toda su historia. Carlos Torres era muy consciente de que el mayor enemigo de esta operación era que se alargara demasiado. Lo dijo en una de sus primeras entrevistas y no se equivocó. El tiempo era un arma muy poderosa en manos del Sabadell para hacer cosas que disuadieran a sus accionistas de acudir a la opa (venta de filiales, anuncio de lluvia de dividendos...). Y daba margen para que la cotización del Sabadell continuara subiendo si la actividad comercial seguía fuerte y dejara completamente desfasada y obsoleta la oferta económica de BBVA.

La operación empresarial encalló por completo cuando entró en el edificio de la autoridad española de la Competencia, la CNMC. Allí estuvo casi un año. Carlos Torres daba por hecho que el expediente se aprobaría relativamente rápido en la Fase 1. Así había sucedido con la fusión CaixaBank/Bankia, que había dado lugar a un elefante bancario todavía más grande. La suma de BBVA/Sabadell crearía un tamaño de balance de un billón de euros, pero no alcanzaría el 25 por ciento de cuota de mercado que tiene CaixaBank en los negocios importantes. La penetración de mercado que tiene este gigante es estratosférica. Cuatro de cada diez nóminas españolas están domiciliadas en esa entidad.

Lo que no sabía Carlos Torres es que si la operación de Bankia no acabó analizándose en Fase 2 fue porque así se lo pidió Nadia Calviño, entonces vicepresidenta económica del Gobierno, a la presidenta de la CNMC, según la reconstrucción de los hechos realizada para este libro. En aquel momento estábamos en pleno COVID y sin vacunas. El gran temor del Ejecutivo era que una lluvia de impagos de hipotecas situara a Bankia en una situación comprometida.

Los directivos del Sabadell hicieron todo lo posible para que esta fase administrativa avanzara lo más lentamente posible. Respondían a casi todas las solicitudes de información del organismo regulador con monosílabos, sabedores de que la CNMC estaba obligada por ley a parar el reloj cada vez que hacía un requerimiento de datos.

Cuando recibieron el dictamen final, intentaron dilatar todo lo posible su publicación. Presentaron un recurso alegando que incluía cuotas de mercado y otros datos confidenciales que, de trascender, los podía perjudicar comercialmente. El informe se acabó publicando con esos datos tachados para evitar retrasos indebidos.

En todas las guerras hay que saber elegir las batallas. Esta la perdieron, pero no sin intentarlo. Los directivos del Sabadell se rindieron en su pulso con la CNMC varias semanas antes de que diera carpetazo al expediente de once mil folios. Se lo habían discutido todo y no había manera. Intentaron sin éxito que cambiara la metodología empleada (la misma que en el caso CaixaBank/Bankia). También fracasaron cuando pidieron al regulador que incluyera empresas más pequeñas dentro de la definición de pyme que estaba utilizando para su análisis. César González-Bueno ni siquiera consiguió reunirse con Cani

Fernández, que exigió que se respetara el procedimiento y que todas las alegaciones se realizaran por escrito.

BBVA ganó esta autorización, la más difícil con diferencia de las veintisiete necesarias para llevar la operación adelante. Fue a cambio de una serie de compromisos para resolver los problemas de posición dominante identificados por la CNMC en Cataluña y Baleares.

El análisis de la autoridad de Competencia concluyó que Sabadell no era un jugador fundamental e insustituible para las pymes. Ni en España, ni en las comunidades autónomas más afectadas por la compra (Cataluña, Asturias, Baleares y Comunidad Valenciana). Y no lo era porque llevaba años perdiendo cuota de mercado en todas las regiones en favor de entidades medianas, como Kutxabank, Cajamar, Abanca, Bankinter, Ibercaja y Banca March. Es decir, la CNMC desmontó por completo la tesis que defendía Sabadell para evitar su desaparición.

Las medidas que acabó exigiendo a BBVA eran asumibles y no ponían en riesgo la rentabilidad del 20 por ciento que Carlos Torres planeaba obtener con la adquisición. Eso sí, tuvo que hacer cesiones de último minuto porque Cani Fernández quería que el dictamen fuera aprobado por unanimidad de sus cinco consejeros. A BBVA le convenía también que el consenso fuera máximo para que el Gobierno tuviera más difícil después justificar la imposición de condiciones extra a la transacción.

La política también sobrevoló esta resolución administrativa. Los partidos se reparten los asientos de los máximos órganos de gobierno de gran parte de los organismos reguladores financieros en España. Junts había logrado colocar en la CNMC unos meses atrás a uno de los suyos, el abogado Pere Soler. En el seno del Sabadell y de Junts se daba por hecho que se posicionaría en contra del dictamen favorable a la operación y emitiría un voto particular. No fue así. Se ablandó. Su argumento, según trascendió de fuentes cercanas, fue que de esa manera obligaba al resto a ser más duro con las imposiciones a BBVA. El cabreo de Josep Oliu con Junts fue monumental y así se lo hizo saber personalmente a miembros destacados del partido.

En esta fase del proceso hubo un personaje secundario importante: Antoni Cañete, presidente de Pimec, la patronal de las pymes catalanas. La asociación tiene ciento cuarenta y seis mil socios, de los que cerca del 70 por ciento son accionistas del Sabadell.

Cañete fue incansable durante el año y medio que duró la opa. Luchó denodadamente por personarse en el proceso abierto por la CNMC para dar sus argumentos contrarios a la absorción del Sabadell.

En una reunión mantenida con Pedro Sánchez en una ocasión para tratar otros temas, no dudó en dejarle clara su oposición a la transacción, según fuentes conocedoras.

«No defendemos a Sabadell por ser catalán. No lo hubiéramos hecho si no fuera un banco que siempre ha apostado por Cataluña», señaló durante esos meses.

Fue muy franco con Carlos Torres cuando el banquero fue a verlo a su despacho en los primeros meses de la opa:

—Sé lo que significa esta opa y las consecuencias que tendrá para las pymes. Ya vimos lo que pasó después de que BBVA absorbiera varias de las cajas catalanas. Perdimos parte de la financiación bancaria, así que yo me voy a oponer.

—Te aseguro que eso va a cambiar...

El banquero le ofreció datos utilizados en presentaciones públicas sobre compromisos futuros de crédito para el sector, pero no quiso insistir demasiado, según las fuentes consultadas.

Josep Sánchez Llibre fue el otro gran actor secundario de esta opa. Fue antigua mano derecha de Josep Antoni Duran i Lleida en Unió, diputado del Congreso durante años y conoce todos los recovecos de la política. Isidro Fainé lo animó a presentarse a la presidencia de la patronal Foment del Treball. Era un momento delicado. El independentismo quería copar todas las instituciones. Sánchez Llibre empezó a incorporar a cuadros de la extinta Unió a Foment y pronto lo convirtió no solo en un ente negociador de convenios, sino también en un *lobby* de presión imparable. Para reforzar ese objetivo necesitaba una palanca política. Y esa palanca fue Junts, según el retrato del personaje que hace el periodista Marcos Lamelas en *El Confidencial*.

El presidente de la mayor patronal empresarial catalana va siempre de acompañante, pero es el hombre que roba todos los ases de la baraja y habitual en todas las fiestas, esté o no invitado. Tiene una capacidad de llegada muy fuerte a asociaciones de toda España. Las de Galicia y Comunidad Valenciana fueron muy activas en esta opa.

No hay cosa que se mueva en el tablero empresarial catalán y económico en la que no esté involucrado. Al igual que Pimec, intentó presentar alegaciones contra la opa de BBVA ante la CNMC, pero fracasó. Hasta ochenta patronales, asociaciones, sindicatos, cámaras de comercio y entidades de todo tipo solicitaron personarse.

Durante la pesada y larga fase administrativa, Josep Oliu y César González-Bueno planificaron y ejecutaron varios movimientos tácticos para boicotear la opa. Algunos permanecieron en secreto hasta el final, según el trabajo de investigación realizado para este libro.

En su momento no trascendió, pero el presidente del Sabadell tanteó a algunos accionistas significativos de Unicaja para explorar la posibilidad de una fusión amistosa, aunque no vio receptividad en el otro lado. Oliu tiene hilo directo con la familia Domínguez, dueña de Mayoral, y con el promotor de centros comerciales Tomás Olivo, que además de ser el segundo mayor inversor de Unicaja es también un importante accionista del Sabadell. Sus diecinueve millones de acciones superan con mucha diferencia los ocho millones de títulos del propio Josep Oliu. Olivo nació en Murcia, pero ha hecho toda su fortuna en la Costa del Sol. Es el sexto hombre más rico de España, según la revista *Forbes*. El empresario no acudió a la opa de BBVA, según señalan fuentes de su entorno.

El banquero catalán también habló con Juan Carlos Escotet, el empresario venezolano que controla mayoritariamente Abanca, como publicó en exclusiva el diario *Expansión*. El Gobierno estaba informado de esos contactos.

Escotet sí se mostró dispuesto a profundizar en unas negociaciones, pero el acuerdo no iba a ser fácil dadas sus altas exigencias de precio y sobre todo de cuota de poder en la entidad resultante, según fuentes conocedoras. Escotet es un comprador nato que ha absorbido ocho entidades en España y Portugal desde 2014.

Entonces Oliu echó el freno. Si acababa habiendo entendimiento entre ambos era imprescindible someter la transacción a la votación de la junta general para cumplir con la ley de opas. Eso entrañaba un alto nivel de riesgo porque los accionistas podían tumbar la operación. Era un escenario nada descabellado. Además, eso no desactivaba la opa de BBVA, solo disminuía sus posibilidades de triunfo.

En esas estaban cuando llegó Pedro Sánchez con su consulta ciudadana, su excéntrica idea para testar si había o no razones de interés general para obstaculizar la operación de Carlos Torres.

Nadie había pedido algo así y nadie lo esperaba. Soltó la bomba en las jornadas del Cercle d'Economia de mayo de 2025. Lo hizo delante de Carlos Torres y de Josep Oliu, que estaban escuchándolo en primera fila, uno en cada extremo. Sus equipos de protocolo no quisieron que se sentaran juntos. Ambos no salían de su asombro.

El ministro de Economía argumentó después que el Ejecutivo necesitaba una capa más de información antes de decidir si la operación debía acabar en la mesa del Consejo de Ministros. Todo el mundo lo entendió como una forma de desautorizar a la autoridad de Competencia y dar voz a todos aquellos que se sentían agraviados por la operación de BBVA. Era una manera, además, de tener también contento a ERC y a los de Puigdemont, que le pedían que abortara la opa (imposible por ley).

La cúpula de BBVA se dio cuenta allí de que el tiempo no había ablandado al Gobierno. Su propósito seguía siendo el mismo. En pleno puente de San Juan, festivo en toda Cataluña, el Ejecutivo habló. A petición de cinco ministerios y amparándose en razones de interés general, impuso a BBVA la obligación de no poder fusionar los dos bancos en uno solo en caso de que la opa triunfara. La moratoria duraría tres años, ampliables a cinco.

Es decir, Carlos Torres y los suyos podrían tomar el control del Sabadell y cesar a Josep Oliu y César González-Bueno, pero debían mantener a Sabadell como filial con personalidad propia, autonomía de gestión y Consejo de Administración propio. Es decir, vetaba la absorción.

El Ejecutivo había hablado y decidió utilizar una facultad legal que le correspondía, pero una vez hubieran votado los accionistas. Justo una de las reivindicaciones públicas de Oliu. La cosa pintaba bastante bien para Sabadell.

Según razonó, con esta acción evitaba la destrucción masiva de empleo que se había producido en anteriores procesos de concentración bancaria en España.

El Gobierno solo había usado esa potestad legal una vez, en 2012, cuando gobernaba el PP, con motivo de la fusión de Antena 3 y La Sexta. En aquel caso se utilizó para reducir las exigencias de la autoridad de Competencia.

Nunca se llegaron a publicar los resultados íntegros que había arrojado la consulta ciudadana. El ministro Carlos Cuerpo solo dio datos parciales. Señaló que el 41 por ciento de los encuestados no veía razones de interés general afectadas por la operación. El 47 por ciento sí, pero no consideraba necesario la imposición de condiciones adicionales por parte del Gobierno. Desde el entorno de BBVA se produjeron acusaciones a Sabadell de haber facilitado plantillas y modelos a terceros para responder al cuestionario del Ejecutivo. Hubo también un aluvión de empleados de BBVA que participaron en la consulta, según se publicó en prensa.

Por aquellas fechas, Andrea Orcel, primer ejecutivo del banco italiano UniCredit, decidió paralizar la opa hostil que tenía en curso sobre BPM cuando vio que la primera ministra, Giorgia Meloni, haría todo lo posible por embarrancar la operación.

Carlos Torres, en cambio, convenció al Consejo de BBVA para seguir adelante con reticencias por parte de algunos (Jaime Caruana, según las fuentes consultadas), pero inició acciones legales contra el Gobierno en el Tribunal Supremo por haber causado un «perjuicio irreparable» a sus intereses en una operación corporativa. Se amparó en el expediente sancionador abierto por la Comisión Europea contra el Ejecutivo de Pedro Sánchez por extralimitarse en sus funciones y por injerencia amparándose en una legislación española que vulneraba los tratados europeos de libre circulación de capitales.

Cuando fracasó la opa, BBVA retiró el recurso del Tribunal Supremo. El proceso de infracción de Bruselas contra el Gobierno de España sigue su curso a la fecha de publicación de este libro.

6

LA INESPERADA VENTA DEL BANCO
BRITÁNICO A SANTANDER

El Gobierno pidió a la cúpula del Sabadell que hiciera milagros para que descarrilara la opa de BBVA y el banco no acabara desapareciendo. Y el Sabadell los hizo. En plena recta final del proceso consiguió un golpe de efecto significativo y todavía más inesperado que el retorno de la sede a Cataluña.

El 1 de julio de 2025, Sabadell firmó una operación que supuso una maniobra defensiva táctica trascendental que decidió parte de su éxito en esta batalla. César González-Bueno y Josep Oliu vendieron TSB por 2.650 millones de libras (unos 3.100 millones de euros). Logró traspasar ese banco que BBVA (y el mercado) decía en 2020 que no valía nada por 1.000 millones de libras más de lo que había pagado por él diez años antes. Además, el cien por cien del desembolso era en metálico. Fue la segunda mayor operación de la década en el sector bancario en Reino Unido.

El destino de ese dinero estaba claro. La cúpula del banco catalán prometió ese mismo día a sus doscientos mil accionistas un dividendo extraordinario de 2.500 millones de euros (0,50 euros por título) como guinda final de una cascada de dividendos que no había parado de hacerse más y más grande en los últimos meses. Esos 2.500 millones eran una cifra que jamás había repartido el banco. Todo un caramelo. La única condición para cobrar era seguir siendo accionista en la primavera de 2026, cuando estaba previsto que se cerrara la operación. Es decir, no acudir a la opa de BBVA.

La identidad del comprador de TSB fue otra gran sorpresa: Santander, el competidor histórico de BBVA.

A pesar de tener todos los focos encima, las negociaciones no saltaron a la prensa hasta el 16 de junio. Ese día, *Financial Times* publicó que Sabadell estaba escuchando ofertas por TSB y el banco no tuvo más remedio que admitir los contactos, a requerimiento de la CNMV. En realidad, el proceso había arrancado mes y medio antes.

Los bancos de inversión del Sabadell estaban pegadísimos al mercado y constataron que podía haber interés real y genuino de varios competidores por TSB.

Esa primavera, según fuentes conocedoras, llegó a oídos de Oliu que Santander estaba a punto de cerrar la venta de su negocio en Polonia. Se trataba de la primera desinversión importante que hacía en años. ¿Qué haría con ese dinero? Podía hacer programas de recompra de acciones, pero lo más probable era que realizara una adquisición. ¿Les podía interesar comprar TSB y reforzar así la huella de su banco en Reino Unido?

La cúpula del Sabadell dijo a sus asesores: «Iniciad el proceso de venta de TSB porque Santander acudirá con todo».

Goldman Sachs y Morgan Stanley lo pusieron en marcha e invitaron también a NatWest y a Barclays. El proceso formal arrancó a finales de mayo y duró alrededor de un mes. Los tres revisaron a fondo las tripas y los números de TSB, el noveno banco hipotecario de Reino Unido con cinco millones de clientes.

Efectivamente, pronto se constató que Ana Botín no estaba dispuesta a dejar escapar esa pieza. Ya se había interesado en

2015 por TSB en la subasta que convocó Lloyds, su entonces dueño, y que ganó Sabadell.

Si se hacía con TSB, ganaba masa crítica en Reino Unido y podía solucionar el problema de falta de rentabilidad que tenía en el país, su cuarto mercado por beneficios. Y de esa manera callaba la boca de la prensa anglosajona, que había publicado que Santander estaba estudiando seriamente salir del país. Y así parecía ser, según las fuentes consultadas, sobre todo a raíz de un problema que llegó a los tribunales (el llamado «caso de los coches»), que podía obligar a muchas entidades a hacer provisiones millonarias.

A finales de junio, Santander, Barclays y NatWest presentaron sus ofertas por TSB. El último no pasó el corte porque su propuesta económica no llegó al importe mínimo fijado en la subasta.

A la fase final llegaron Santander y su máximo rival directo en Reino Unido, Barclays, el cuarto banco del país.

Las ofertas se recibieron en sobre cerrado el último viernes de junio. Santander, asesorado por Deutsche Bank, ganó la partida a Barclays por una diferencia superior a 50 millones de libras.

La transacción se firmó por 2.650 millones de libras (3.100 millones de euros). A esa cifra se sumará el beneficio que aporte TSB antes de que se cierre la venta, prevista para marzo/abril de 2026. TSB tenía entonces doscientas dieciocho sucursales y había ganado el año anterior un beneficio de 253 millones de euros.

Los financieros del Sabadell, junto con los abogados de Uría Menéndez y el Departamento Jurídico del banco, estuvieron trabajando todo el fin de semana para cerrar los contratos. Apenas durmieron.

Era imprescindible firmar cuanto antes. Si querían entorpecer el triunfo de la opa de BBVA con el dividendo especial de 2.500 millones obtenido de esa venta, necesitaban convocar una junta de accionistas cuanto antes. Así lo establecía la ley de opas.

La compraventa se firmó el 1 de julio y esa junta de accionistas (en realidad fueron dos) se convocó para el 6 de agosto. No fue tan multitudinaria como la de la vuelta a la sede social del Sabadell, pero estuvo bastante concurrida para tratarse de pleno verano. Acudieron unas quinientas personas. Estaba claro que el sí iba a ser abrumador. ¿Qué accionista iba a votar no a cobrar un dividendo de 0,50 euros por título?

González-Bueno aseguró esos días en mil entrevistas y actos públicos que Sabadell hubiera vendido TSB de no haber estado en medio de una opa hostil. La complejidad regulatoria tras el Brexit era muy alta, tenían una masa crítica muy pequeña para sacar jugo a ese negocio y el precio que les ofrecían por él era increíble. Suponía recuperar con creces la inversión realizada en 2015. Algunos, en cambio, vieron en este movimiento una *poison pill*. Es decir, una maniobra cuyo único objetivo era impedir el éxito de una operación corporativa en marcha.

La venta pilló con el pie cambiado a los ejecutivos de BBVA. Y las posibilidades de victoria en la compra de Sabadell bajaron considerablemente, según reflejó el barómetro bursátil. La cotización de Sabadell escaló y llegó a superar en un 15 por ciento el precio de la opa semanas antes de las juntas de accionistas.

«Esa transacción fue para nosotros la prueba del nueve de que la oferta de BBVA estaba muy por debajo del valor real de Sabadell. Ahí vimos con claridad que nuestra cotización no se derrumbaría si fracasaba la opa», revela un alto directivo de esta entidad bancaria.

Santander UK, cuarto banco hipotecario de Reino Unido, adquiría el noveno del *ranking*. Ana Botín valoró TSB a 1,45 veces su valor contable, mucho más alto de lo que barajaban los analistas financieros independientes y la propia alta dirección del Sabadell.

Hay que recordar la pesadilla que había supuesto la entidad escocesa para Oliu y González-Bueno. TSB llegó a perder 500 millones de euros en tres años y eso puso a todo el grupo Sabadell a los pies de los caballos. Ese episodio tuvo mucho que ver con la situación tan débil a la que llegó el banco catalán cuando estalló el COVID.

Sabadell lo había comprado a través de una opa (previamente pactada con el accionista mayoritario, Lloyds) que tuvo una aceptación del 90 por ciento. A partir de entonces salió mal todo lo que podía salir mal.

Apenas un año después de la operación se produjo el inesperado referéndum convocado por el primer ministro David Cameron para votar la salida de Reino Unido de la Unión Europea.

Además, los tipos de interés estuvieron años en terreno negativo (algo que nunca había sucedido), y eso golpeó con dureza a un banco básicamente hipotecario.

La puntilla y lo más grave fue la accidentada migración de TSB a una plataforma tecnológica del Sabadell que causó un gran problema reputacional.

El banco catalán había creado una compleja y moderna infraestructura para agilizar la operativa de los clientes en Reino Unido. En 2018 volcó los datos de los cinco millones de clientes que hasta entonces estaban alojados en una plataforma de Lloyds.

Sabadell había realizado muchos ensayos y pruebas e involucró en ese proceso a mil quinientos profesionales, muchos de ellos de IBM y de otras empresas informáticas. Pero la plataforma falló.

En realidad, el 80 por ciento de la migración funcionó bien. Las incidencias se produjeron, principalmente, como consecuencia de atascos en el acceso a la web, cajeros automáticos y en la aplicación móvil que afectaron a unos ciento treinta mil clientes. Twitter se llenó de quejas de clientes ingleses.

TSB tuvo que pagar una multa de 48,65 millones de libras (55 millones de euros) a las autoridades británicas, compensar a los usuarios afectados, pagar una auditoría independiente que identificara los fallos e invertir dinero en subsanar los problemas informáticos detectados.

El banco británico tardó años en recobrar la confianza de sus clientes y su imagen de marca y reputación tras este incidente.

El primer ejecutivo de TSB, Paul Pester, tuvo que dar explicaciones en la Cámara de los Comunes y fue cesado a los cuatro meses de estallar el problema.

Sabadell acabó recuperando a través del seguro 61 millones de euros, con los que cubrió parte del importante agujero que provocó el incidente, que ascendió a 400 millones de euros.

Santander está usando ahora de manera temporal esta plataforma en Reino Unido. Cuando se cierre formalmente la compraventa de TSB, volcará todos los datos de los clientes a la suya.

Una vez traspasado TSB, Sabadell tiene manos libres para monetizar la plataforma que tantos problemas le dio en 2018, pero que está considerada hoy una de las más modernas y avanzadas del país.

La cúpula del Sabadell tendrá que evaluar si es más rentable explotar su licencia de uso a un competidor (alquilarla) o si escucha ofertas para traspasarla.

Marc Armengol, el hombre al que recurrió Oliu para resolver la crisis tecnológica de 2018, es la persona que sustituirá a César González-Bueno como consejero delegado en mayo de 2026. Es de Barcelona, tiene 50 años y un perfil marcadamente digital, algo importantísimo por el cambio de paradigma que vive el sector con la irrupción de la IA. Este directivo tuvo un protagonismo importante en la exitosa venta de TSB a Santander.

7

LA SEGUNDA OPA
QUE NUNCA LLEGÓ

El 4 de septiembre de 2025 por la noche, cuando solo quedan algunos periodistas de guardia en las redacciones de los periódicos, sucede algo que acabaría poniendo la puntilla a una opa hostil politizada y con mucha oposición social.

BBVA obtiene el visto bueno de la SEC, el regulador del mercado de Estados Unidos, para poder rebajar el llamado «mínimo de aceptación». El banco había condicionado inicialmente el éxito de la operación a obtener el 50 por ciento de los derechos de voto en manos de accionistas del Sabadell. Disminuyendo ese umbral conseguía evitar el fracaso de la opa si al final se adherían menos inversores. Era una opción de último recurso, ya que el coste de la operación se dispararía dado que la normativa española obligaba a lanzar una segunda opa.

Carlos Torres argumentó al día siguiente que lo habían pedido para alinear calendarios en España y Estados Unidos.

Sin embargo, ese movimiento quirúrgico final acabó convirtiéndose en una trampa para BBVA.

César González-Bueno consiguió que calara entre sus accionistas que «lo más inteligente» era esperar a que llegara esa segunda opa, porque había un real decreto que obligaba a BBVA a ofrecer un nuevo precio, pero esta vez en metálico. Y probablemente superior al de la opa en curso. En realidad, eso último no estaba nada claro. Había distintas interpretaciones jurídicas y la CNMV tenía la última palabra, pero era innegable que acudir a la segunda opa tenía ventajas.

Por aquellas fechas, los directivos de BBVA estaban muy arriba anímicamente. Se habían ido de vacaciones con la cotización de BBVA subiendo un 8 por ciento. El 30 de julio, el consejero delegado había anunciado por sorpresa una lluvia de dividendos para los próximos cuatro años de 36.000 millones y ese anuncio gustó mucho al mercado. En los cuarteles generales del Sabadell, en cambio, reinaba la incertidumbre. Estaba a punto de comenzar el periodo de aceptación, el mes en el que los accionistas del Sabadell debían por fin decidir si aceptaban o no la oferta de Carlos Torres.

Lo lógico, les decían sus banqueros de inversión, era que la cúpula de BBVA diera un golpe en la mesa para llevarse el gato al agua. Es decir, que subiera el precio de manera significativa para hacerse con el banco catalán. En la mayoría de operaciones de este tipo, esa bala se suele reservar para el final, pero esta batalla estaba demasiado reñida como para arriesgarse.

Sin embargo, Torres se ve tan seguro que decide no moverse de su posición. «En aquel momento, por primera vez pensé que podíamos ganar», recuerda un alto directivo del Sabadell muy implicado en el proceso.

BBVA despliega una intensa campaña publicitaria e inicia una ronda de reuniones con pequeños inversores por las principales ciudades españolas. El martilleo en prensa, radio, televisiones y redes sociales es constante, especialmente en Cataluña. Carlos Torres va de entrevista en entrevista.

Los argumentos son los de siempre: «Todos ganamos con la operación porque creamos un banco más fuerte y más rentable». La diferencia es que ahora emplea el discurso del miedo: «Señor accionista, si no acude a la opa es muy posible que la acción del Sabadell se derrumbe porque está sostenida artificialmente por la propia existencia de la oferta».

Los máximos líderes de BBVA y Sabadell cogen la maleta para hablar con los grandes fondos de inversión internacionales. Van a Nueva York y, días después, coinciden en el evento que organiza el banco de inversión Bank of America todos los años en Londres. Siempre es en septiembre y se trata de una cita obligada para los altos ejecutivos de la comunidad financiera. Carlos Torres por un lado y César González-Bueno por otro alquilan salas privadas en el Rosewood Hotel. Llegan a celebrar hasta quince encuentros por día con inversores top de los grandes fondos para ganárselos para su causa. Son prácticamente los mismos, que se reúnen en una habitación de hotel con BBVA y minutos después en otra con Sabadell. O viceversa.

Lo habitual es que el consejero delegado del banco lidere estas reuniones. Carlos Torres, de manera excepcional, acude también en esta ocasión. La implicación del presidente en esta opa es total. También a los grandes inversores internacionales intenta infundirles miedo. «La oferta es buena y por eso no vamos a subir el precio. En cuanto acabe la opa, la acción caerá», decía mirando directamente a los ojos, según recuerdan fuentes financieras.

Estamos a mediados de septiembre. El sábado 20, en pleno momento álgido, Carlos Torres casa a su hija en Madrid. Y González-Bueno, a su hijo, también en la misma ciudad.

Al día siguiente, domingo, Torres celebra una reunión con todos los consejeros de BBVA. Ha convocado un encuentro extraordinario para discutir y aprobar una subida del precio en el tramo final de la operación. El 22 de septiembre, BBVA anuncia que pagará un 10 por ciento más a los accionistas. Además, el precio pasa a ser cien por cien en acciones y se elimina el pequeño componente en efectivo. Gracias a ese retoque se evitaba que el inversor tuviera que pagar impuestos al vender los títulos. Con ese cambio, la oferta de BBVA pasaba a ofrecer un 3 por ciento más de lo que capitalizaba Sabadell en bolsa. Es decir, el inversor dejaba de perder dinero.

La cúpula del banco «opado» seguía defendiendo que Sabadell valía mucho más del dinero que ofrecía BBVA y que ningún competidor les pagaría tantos dividendos como ellos.

Durante la opa, el Sabadell llegó a subir en seis ocasiones su política de retribución al inversor y anunció un pago especial histórico de 2.500 millones derivado de la venta de TSB restringido a aquellos accionistas fieles que no fueran a la opa.

Pero ahora BBVA acababa de mejorar su oferta y por ley el Consejo del Sabadell estaba obligado a reunirse de nuevo para evaluar la situación y dar una recomendación objetiva a su base inversora para orientar su voto. Josep Oliu ya había dejado claro días antes su posición en una entrevista a *Expansión*: el Consejo exigía el pago de una prima de control del 30 por ciento sobre la cotización.

La subida de precio de BBVA quedaba muy lejos de esas aspiraciones para todos los consejeros..., menos para uno. David Martínez, tercer mayor accionista del Sabadell, rompe la baraja. El financiero mexicano anuncia que acudirá a la opa porque el precio es un factor «secundario» para él y está convencido de «los beneficios estratégicos» de la integración de BBVA y Sabadell.

Oliu y el resto de la cúpula conocían su predisposición positiva hacia las fusiones. Sin embargo, tenían la esperanza de que no vendería sus casi doscientos millones de acciones a cualquier precio.

El banquero había cogido un vuelo a Londres para ir a verlo el fin de semana anterior.

—¿Qué vas a hacer, David? —le preguntó.

—Mira, Pep, he tenido conversaciones muy profundas con BBVA y voy a vender. No me intentes convencer de lo contrario...

—Lo respeto, pero sabes que eso puede alterarlo todo en nuestra contra...

—Lo he pensado, pero creo que no. Entiéndelo. Mi fondo tiene sus propias reglas y yo me tengo que regir por eso.

El contenido de su conversación fue más o menos en estos términos. Efectivamente, Carlos Torres se había entrevistado con él y lo había convencido. Lo lógico era pensar que otros grandes inversores institucionales actuaran como él.

«Hasta aquí hemos llegado» era el sentimiento general en los cuarteles generales del Sabadell. El banco catalán estaba convencido de que el bloque del pequeño inversor y Zurich estaban con él (45 por ciento del capital), pero si buena parte de los institucionales acudían a la opa, el resultado podía estar en un puño. Y el 3,86 por ciento de David Martínez podía acabar inclinando la balanza en su contra. Era una posibilidad real.

El banco convoca una rueda de prensa esa misma tarde para intentar levantar la situación. «El señor Martínez se gana la vida invirtiendo en bonos de países emergentes y en empresas *distressed* [con problemas]. Lo raro es que haya permanecido tanto tiempo con nosotros», argumenta Oliu.

El banquero catalán había estado tranquilo durante el año y medio de pugna empresarial. No era una pose, lo estaba realmente. Pero esos días sí que asomaron los nervios. Sabadell podía acabar como filial de BBVA y, a medio plazo, absorbido, poniendo fin a una historia centenaria.

David Martínez es un personaje curioso, del que se sabe muy poco y con una vida privada hermética. Creó su fondo de inversión en los años ochenta con un préstamo de su abuela y se hizo rico con sus inversiones en Latinoamérica. Participó en casi todas las reestructuraciones de deuda en países emergentes. Ganó mucho dinero con los bonos *brady* argentinos. Actualmente es el propietario del 10 por ciento de Televisa, el grupo de medios de comunicación más poderoso de México. También es accionista de Telecom Argentina. Vive entre Londres y Nueva York y se mueve en *jet* privado.

Por aquellas fechas se insinuó que era lógico que acudiera a la oferta de BBVA teniendo intereses empresariales tan importantes en México y Argentina, dos de los grandes caladeros de ingresos del banco «opante».

El financiero se enfadó tanto que publicó una carta abierta en *El País* para defender su honor. «No existe absolutamente ningún acuerdo entre BBVA y yo. Se trata de acusaciones infundadas, irresponsables y difamatorias que solo buscan confundir», señalaba. «Esta no es una batalla entre los Montescos y los Capuletos [las dos familias rivales en la obra *Romeo y Julieta*] [...]. Calificativos como traidor o vendido solo reflejan la ceguera y el sesgo de quienes los usan», añadía.

Semanas después, con la opa ya fracasada, el mexicano dimitía como consejero del Sabadell, deseando lo mejor a Oliu y al banco tras el «éxito rotundo conseguido».

¿Por qué los grandes fondos de inversión dieron la espalda a BBVA si la mayoría son favorables a las fusiones? Todo apunta a que los máximos directivos del banco se confiaron. No fueron a visitar a todos los inversores como dijeron y a muchos los fueron a ver muy al final del proceso. Así sucedió con algunos de los grandes gestores de fondos de bolsa españoles. Muchos simplemente fueron contactados solo por teléfono y para repetir los mensajes que ya estaban en la prensa. «BBVA es el mejor socio posible para Sabadell. Los dos bancos son tan complementarios que la unión tiene una lógica incontestable». «La acción del Sabadell ha agotado su potencial de subida...».

La gestora Bestinver decidió vender sus acciones en mercado días antes del final de la opa, aprovechando que Sabadell cotizaba a los precios más altos en quince años. También lo habían hecho muchos pequeños inversores, aunque eso se ha sabido después. Antes de la opa eran dueños del 48 por ciento del capital del Sabadell, y una vez finalizada, del 40 por ciento.

Desde las sucursales de BBVA sí que hubo una campaña muy fuerte para convencer al pequeño inversor. Hubo accionistas que afirmaron sentirse acosados. Por el otro lado tampoco estuvieron quietos. Carlos Torres denunció ante la CNMV que los empleados del Sabadell entorpecían la operativa de aquellos clientes que querían aceptar la opa con todo tipo de excusas: «Debe venir presencialmente a la oficina» o «tenemos caído el sistema informático en toda la red; mejor vuelva mañana».

Los analistas estaban convencidos de que BBVA no llegaría al 50 por ciento de aceptación, pero sí superaría el 30 por ciento. Solo uno de cada diez esperaba que quedaría por debajo de ese umbral. El resultado fue un 25 por ciento. Sorpresa para todos.

Esta batalla empresarial ha acabado reuniendo los ingredientes y los giros de guion suficientes como para acabar estudiándose algún día en escuelas de negocios como el IESE. Era una operación que estaba llamada a triunfar porque un gran banco, cuando se mete en algo de esta envergadura, lo hace para ganar. Sin embargo, acabó fracasando por culpa del unánime rechazo político, empresarial y social. La movilización de doscientos mil pequeños inversores acabó siendo más decisiva que el voto de los grandes fondos de inversión que mueven el mercado. La ONCE, la Organización Nacional de Ciegos, fue de las pocas entidades que sí acudió a la opa.

Semanas después de esta victoria épica, Josep Sánchez Llibre entregaba el Premio Empresario del Año a Josep Oliu.

La cotización del Sabadell no se hundió tras la opa. No obstante, todas las operaciones tienen un precio. Si BBVA hubiera ofrecido 4 euros, la operación estaría hecha, aseguran fuentes cercanas al Consejo del banco «opado». Nunca lo sabremos.

David Martínez ha decidido vender su participación del 3,86 por ciento y así lo ha transmitido al Consejo del Sabadell, según fuentes cercanas. Probablemente dentro de unos meses, una vez cobrado el dividendo de TSB. Lo lógico es que lo haga a través de una colocación acelerada en mercado porque estamos hablando de casi doscientos millones de acciones. Las plusvalías serán enormes porque compró gran parte de ese paquete a alrededor de 1 euro por título y ahora Sabadell cotiza por encima de 3.

El banco catalán ganó, pero se ha dejado muchas plumas en este proceso. Ha vendido TSB, un banco que le estaba proporcionando unos beneficios de alrededor de 300 millones de euros anuales. El grupo ha tenido que hacerse más pequeño para salvarse. El negocio comercial debe seguir fuerte porque la cúpula se ha comprometido a pagar una montaña de dividendos. Además, Sabadell sigue sin tener un núcleo duro. Después de la experiencia de BBVA es muy complicado que otro banquero intente algo parecido, pero no hay nada escrito. La idea es involucrar a más clientes y empleados en el capital del Sabadell. La entidad, de hecho, ha regalado trescientas acciones a cada miembro de la plantilla.

El plan más inmediato de Oliu y los suyos es tejer alianzas comerciales y convertir a esos socios estratégicos en accionistas, como ha hecho con la aseguradora Zurich. Sin embargo, es muy probable que dentro de dos o tres años vuelva a intentar una fusión amistosa con Unicaja o Abanca.

Si un banco extranjero quiere entrar en un futuro en España, lo único que puede comprar con un cierto tamaño es Sabadell. Y puede acabar pasando, según los analistas financieros.

8

OLIU SUCEDE A OLIU

Cuando Josep Oliu aterrizó con treinta y siete años en el Sabadell, el banco que dirigía su padre desde que era un chaval, la entidad era diminuta. Apenas tenía doscientas sucursales, prácticamente todas en la comarca catalana del Vallès.

Joan Oliu llevaba trabajando en el Sabadell desde los dieciocho años, estaba delicado de salud y quería jubilarse. Pero antes necesitaba dejar atada su sucesión y le inquietaba que su primogénito no fuera «recuperable» para el banco si seguía haciendo carrera en Madrid en la alta administración del Estado.

Su hijo era entonces director general del Instituto Nacional de Industria, el INI, el organismo precursor de la Sociedad Estatal de Participaciones Industriales, la SEPI. Se trataba de una persona joven y con un componente internacional que entonces tenía muy poca gente (se había doctorado en Estados Unidos, en la Universidad de Minnesota) y a su vuelta a España se había sacado la Cátedra de Economía en un tiempo récord.

En los años ochenta había hecho una inmersión increíble en la industria pesada española en el INI, en los años más duros de la reconversión. Hizo cientos de planes estratégicos para el tejido público empresarial heredado de la dictadura de Franco. En esa época conoció a la plana mayor de un emergente Partido

Socialista Obrero Español (PSOE). Muchos siguen siendo hoy amigos personales: Carlos Solchaga, Joaquín Almunia, Narcís Serra, Miguel Ángel Fernández Ordóñez, Javier Solana...

Su perfil hubiera sido perfecto incluso para secretario de Estado. El hecho de que no quisiera hacer carrera dentro del partido no hubiera supuesto ningún obstáculo.

Su nombre fue uno de los que se barajaron cuando el Gobierno buscaba director general del Tesoro, pero la oferta nunca llegó a concretarse. Fue el último cartucho para retenerlo en Madrid de su amigo y entonces ministro de Defensa, Narcís Serra, que veía cómo todos los cerebros catalanes en la capital iban volviendo a casa. Movió hilos en el PSOE, porque el cargo no entraba dentro de sus competencias, sino en las del Ministerio de Economía.

Serra ya le había intentado echar el lazo antes. Carlos Solchaga y él buscaban un presidente para Bazán, la empresa pública dedicada a hacer buques de guerra para la Marina. Bazán era una empresa del INI, pero estaba bajo tutela del Ministerio de Defensa, y los dos ministros se tenían que poner de acuerdo.

Por aquel entonces, Joan Oliu llevaba ya tiempo bastante convencido de que su hijo era, de largo, el que reunía más cualidades para sucederlo en el banco. Pero lo vio totalmente claro cuando sufrió una operación a corazón abierto en 1978, recién llegado Josep de Estados Unidos. Durante las semanas de convalecencia fue sustituido por un triunvirato formado por tres directores generales: Llibert Barcons, Joan Manuel Desvalls y Josep Montañés. Ninguno dio la talla. Eran buenos profesionales, pero llevaban toda la vida en la casa, y no tenían visión suficiente para construir el futuro del banco. Conocían el negocio, pero eso no era suficiente. El problema era que contratar a alguien de fuera de la casa suponía un suicidio. El banco era tan cerrado que no hubiera durado ni dos meses. En aquella época, el consejo en pleno y los que tenían poderes de gestión habían nacido en Sabadell. Necesitaban a alguien externo, pero que conociera el ADN de la institución. Y con esas características solo había uno.

La presidencia del banco no tenía competencias ejecutivas y la ostentaba Joan Corominas. Él representaba a los accionistas: los empresarios textiles y metalúrgicos de la ciudad de Sabadell. Corominas era también uno de ellos. No era brillante, pero sí todo un señor y representaba maravillosamente a la institución. Formaba un tándem excelente con Joan Oliu, que era quien gestionaba el negocio bancario. Se caracterizaba por ser extremadamente prudente, discreto y ejemplificaba de manera genuina el *seny* catalán.

Oliu no le propuso nada a su hijo en aquel momento, pero empezó a llevar agua al molino. Josep ya había rechazado en el pasado dos ofrecimientos informales para entrar en el Sabadell por parte de consejeros del banco. Cada vez que su padre y Corominas iban a Madrid aprovechaban para tirarle el anzuelo. «Has llegado a director general del INI. Ya eres alguien importante. No hace falta que hagas nada más para demostrar tu valía», le decían. Las conversaciones se alargaron un año entero. Pero Josep Oliu era feliz en Madrid, tocaba poder y era muy consciente de que el banco era un proyecto para meterse hasta el fondo y se resistía a abandonar la autonomía de la que gozaba hasta entonces. Además, nunca había tenido vocación de banquero.

Era un auténtico chaval comparado con la edad de los consejeros del Sabadell, alguno de ellos octogenario. «Siempre tuve la impresión de que se sentía llamado a irse con su padre, pero que intentaba retrasar ese momento haciendo su propia carrera profesional en Madrid. En aquella época estaba encantado en el INI y yo creo que no le apetecía nada ir al banco», recuerda Luis

Carlos Croissier, su jefe en aquellos años y que posteriormente dirigió la CNMV, según recoge una biografía sobre Josep Oliu publicada por La Esfera de los Libros en 2014.

Quizá no fuera el mejor momento para él, pero su padre se quería jubilar, y era deseable un periodo previo de cohabitación. Joan Oliu le hizo creer al presidente Corominas que la decisión de fichar a su hijo había sido en realidad suya.

Josep Oliu tuvo varias charlas con su mejor amiga de sus años en Estados Unidos, la economista Paulina Beato.

«Su gran inquietud era que alguien pensara que iba allí por ser hijo de quien era», afirma Beato. La necesidad de tener que demostrar su valía a esas alturas le molestaba enormemente. «No quería parecer un niño de papá y quería estar seguro de que podía sustituir a alguien tan carismático como mi padre. Tenía cierto miedo», recuerda Oliu. También le preocupaba que no pudiera romper el miedo a sacar algún día el banco a bolsa.

Su hermana Conxa permaneció ajena a las conversaciones entre padre e hijo. No llegó a saber que su hermano barajó en serio trabajar en el Sabadell si la entidad hubiera comprado Banca Catalana años atrás. En cuanto a Lynn, su mujer americana, vivir en Barcelona no la hacía especialmente feliz. «Mi mujer estaba desesperada por quedarse en Madrid, porque había encajado mejor en el ambiente social de la capital». Sin embargo, no fue ningún obstáculo en la decisión: «Lo animé a que hiciera lo que le apeteciera hacer», asegura.

El microeconomista y catedrático de Harvard Andreu Mas-Colell, que fue unos años *conseller* de la Generalitat con Artur Mas y es uno de sus grandes mentores, vivió este importante capítulo de su vida desde Estados Unidos. «Conmigo no comentó nada de todo esto. Pero después de una carrera brillante me pareció un encaje muy obvio en un determinado momento, aunque no se hubiera formado pensando en ello. Tenía experiencia en gestión, conexiones internacionales y una amplia socialización en Madrid. Hubiera sido un error para el Banco Sabadell no contar con él por ser hijo del director general», señalaba Mas-Colell en la mencionada biografía.

Cuando estaba a punto de aceptar, Josep Oliu le advirtió a su padre: «Yo no sé nada de banca». Joan estuvo rápido: «Lo mejor es no saber nada, porque la banca va a cambiar tanto que los que hemos estado en el pasado no podemos construir el proyecto de futuro».

Cuando Luis Carlos Croissier fue nombrado ministro de Industria, Oliu aprovechó el relevo en la presidencia del INI para dejar su cargo.

Con la decisión ya tomada, todavía tuvo que rechazar varias ofertas profesionales más. Una por parte de la compañía de ingeniería Sener. Otra más informal de su amiga Paulina, que acababa de ser nombrada presidenta de Red Eléctrica, lo que la convertía en la primera mujer al frente de una empresa pública en España. Le hubiera encantado llevarse a Oliu de director general, pero él ya tenía la cabeza en otro sitio y ella lo sabía. Ni siquiera Narcís Serra lo pudo retener, aunque le propuso ocupar la posición clave en el Ministerio de Defensa: director general de Armamento y Material. «¿Por qué no te quedas y haces más Madrid?», le insistía, aunque entendía que quisiera dar continuidad al proyecto de su padre.

Mucha otra gente de su entorno, en cambio, no comprendía por qué renunciaba a una trayectoria prometedora en Madrid para dirigir un banco diminuto con doscientas sucursales y circunscrito al territorio catalán. Al final les tuvo que decir que era un tema familiar para que lo dejaran en paz.

Oliu ha inculcado a sus tres hijos la importancia de tener un objetivo en la vida, a poder ser secreto para evitar frustraciones si no se llega a cumplir. «Mi padre me confesó una vez que el suyo era continuar el camino de mi abuelo», recuerda su hijo Miquel. Oliu admite que siempre tuvo en la cabeza esa ilusión, desde la época de estudiante.

Solo hubo una oferta que lo hizo dudar. Josep Miquel Abad, entonces consejero delegado del Comité Organizador de los Juegos Olímpicos de Barcelona'92, le propuso ser el director general. «El proyecto era tan bonito que incluso lo valoré, pero ya estaba atado al banco», recuerda. El puesto lo cubrió Pedro Fontana, actualmente vicepresidente de Banco Sabadell.

Los Oliu se instalaron en un ático-dúplex en el barrio de Sant Gervasi de Barcelona y matricularon a sus hijos en la exigente Aula Escola Europea.

Josep Oliu comenzó en el banco el 1 de octubre de 1986 como secretario general técnico, un cargo creado ex profeso para él. Era un hombre con mucha preparación técnica y muy intuitivo estratégicamente, pero un analfabeto total en banca comercial. Los primeros años, por tanto, ejerció de mero observador. Se fue empapando de un oficio que, por otra parte, tampoco tenía demasiado misterio para un catedrático de Teoría Económica. Y sobre todo fue conociendo y dejándose conocer entre las capas más altas de poder del banco. Para su misión era básico ir ganándose la confianza del Consejo de Administración, donde estaban los ricos de la ciudad de Sabadell. Sabía que algunos no se lo iban a poner nada fácil y que lo estarían esperando al primer patinazo.

Sus amigos de Madrid lo llamaban a menudo para tomarle el pelo.

—Pep, ¿cómo estás? ¿Cómo te va?

—Pues aquí estoy, en Sabadell… Viendo un campo de tomates desde la ventana…

«Pobre Pep», mascullaban. Sin embargo, él no se arrepentía de su decisión, aunque echaba de menos muchas cosas.

Pronto empezó a asistir a los comités de dirección como oyente. El primer incidente surgió cuando en marzo de 1990 se incorporó al Consejo de Administración aprovechando que había una vacante. En la junta manifestó su discrepancia un accionista de Terrassa, la ciudad vecina con la que históricamente Sabadell siempre ha tenido rivalidad.

El 1 de enero de 1991, Josep Oliu fue nombrado director general del banco con cuarenta y un años. Los aspirantes internos al cargo, que los había, no fueron capaces de hacerle sombra. Uno era Juan José Bruguera, hoy presidente de la inmobiliaria Colonial, y otro Josep Montañés, director de Internacional.

Oliu tomó el relevo de su padre como capitán del banco junto a Joan Corominas, que rozaba los setenta años y que seguía de presidente no ejecutivo. Llegaba el momento de empezar a poner, con más o menos acierto, los mimbres para hacer grande el banco, modernizarlo y que no acabara siendo engullido por otro.

Estaba casi todo por hacer. Lo más urgente era rodearse de gente nueva con talento que fuera capaz de moldear su proyecto como una vasija de arcilla. Ya se lo había advertido su padre: «Tendrás que jugar en segunda con un equipo de tercera». Necesitaba construir su propia Masía (la escuela de alto rendimiento del Barça), con profesionales jóvenes de fuera de la organización. El primero de esa savia nueva que apareció por allí fue Adolf Todó, uno de los amigos que había hecho en la Universidad Autónoma de Barcelona. Tras doctorarse en Economía por la Universidad de California San Diego, Todó había solicitado su admisión en Harvard, Yale, Berkeley y Georgetown. Al final decidió que solo se quedaría en Estados Unidos si conseguía entrar en Harvard. Fue entrevistado por Andreu Mas-Colell y Larry Summers, que después fue secretario del Tesoro con Bill Clinton. Sin embargo, no pasó el corte y decidió volver a España con una oferta de Esade, que le permitía impartir solo tres horas de clase semanales y dedicar el resto del tiempo a la investigación.

—¡Deja la universidad y vente a trabajar conmigo! —le soltó un día Oliu.

—Pero, Pep, si yo ni siquiera sé lo que es una letra de cambio...

—Tranquilo, que para lo que yo quiero que hagas eso no es tan importante —le respondió.

Oliu estuvo bastante tiempo insistiendo, pero Todó quería hacer carrera académica y no se veía fuera de la universidad. Por otro lado, trabajar en el Sabadell tampoco le parecía ninguna bicoca. Era un banco muy serio y fuerte en comercio exterior, pero en el fondo muy de pueblo, y eso lo retraía bastante. Tenía treinta años, acababa de volver de Estados Unidos y quería comerse el mundo. Y, sinceramente, no creía que pudiera hacerlo en Banco Sabadell.

Un día, dando un paseo, Pep atacó de nuevo:

—Vamos a pedir una ficha bancaria, que va a ser la primera que se va a dar en mucho tiempo. El proyecto se llamará Sabadell Multibanca. —Oliu parecía muy ilusionado—. Quiero hacer algo importante, diferente, construido desde cero, relacionado con la banca corporativa.

—¿No puedes ser más concreto?

—Se trata de dar servicios que el cliente nos demanda y que hoy no podemos darle porque no son de banca comercial, que es lo único que hacemos ahora.

«Era todo muy vago, pero me lo vendió tan bien que al final acepté participar en el proyecto, creando y dirigiendo la banca corporativa del nuevo banco», recuerda.

El trabajo, contra todo pronóstico, fue apasionante. «Hicimos los primeros *project finance* de este país. La banca extranjera, la única que los hacía, solo montaba los proyectos grandes. Por ejemplo, Goldman Sachs estructuró la privatización de las

Aguas de Vigo con FCC. Pero las operaciones que oscilaban entre los 500 y los 1.000 millones de pesetas, que eran la mayoría, no las hacía nadie», recuerda Todó. El Sabadell diseñó la financiación que permitió construir las centrales minihidráulicas en el Llobregat y en el Ebro y bastantes parques eólicos. La idea surgió a raíz de un artículo que le mandó Alfredo Pastor (amigo de la época, doctor en Economía por el MIT y hoy profesor emérito de Economía del IESE) desde Estados Unidos. «Lo leí y me dije: tenemos que hacerlo», afirma. Sabadell Multibanca desarrolló muchas de las cosas que hoy conocemos como banca corporativa y gestión de patrimonios.

Adolf Todó poseía pocas nociones de banca y Oliu digamos que se defendía. Pero ambos eran inteligentes, tenían mucha seguridad en sí mismos y, muy importante, hablaban un mismo idioma. Cuando el Santander revolucionó el mercado en 1989 con las llamadas «supercuentas», su razonamiento fue el siguiente: «Tú y yo hemos estudiado la teoría de juegos y el dilema del prisionero, ¿no? Pues el Santander lo que ha hecho no es otra cosa que aplicar la estrategia dominante, lanzando una cuenta que paga un interés del 11 por ciento. Sabe que si es el único se forra, y si le sigue el resto, también, porque quien da primero da dos veces», argumentaba Oliu.

Todó dejó el banco en 1995. Lo llamaron para dirigir Caixa Manresa, la caja de ahorros de su pueblo, y no fue capaz de decir que no. Oliu al principio se lo tomó fatal. Había apostado por él cuando no le era fácil traer a gente nueva. Su amigo convirtió aquella caja de ahorros en una gran incubadora de productos innovadores y de fondos de inversión. De ahí saltó a Caixa Catalunya para dirigir el negocio cuando Narcís Serra recaló allí como presidente.

Otro de los fichajes de Oliu para Sabadell fue Anna Birulés, una economista que entonces trabajaba en la Generalitat catalana y que había estudiado también en Estados Unidos, en concreto, en Berkeley. Entró como secretaria general y fue la primera mujer con funciones ejecutivas en toda la historia del banco. Para algunos sectores de la entidad, Birulés estaba allí como un elefante en una cacharrería porque venía de la Administración Pública. Otros exdirectivos, en cambio, consideran que hizo su contribución, intentando cambiar el enfoque comercial por medio de un análisis de rentabilidad por cliente y de segmentación. En todo caso, no le dio tiempo a demostrar mucho. Su etapa fue efímera. En 1997 fichó por Retevisión como directora general, antes de ser nombrada ministra de Ciencia y Tecnología por José María Aznar.

Hasta la llegada de Oliu, ninguna persona del elitista mundo de la banca de inversión había trabajado en el Sabadell. Con esa aureola llegó Jaime Carvajal (fallecido en 2020 de un infarto con cincuenta y seis años), fundador de Arcano, que había iniciado su carrera en Lehman Brothers en Nueva York. Tras montar una firma de asesoramiento para empresas españolas en reestructuración se incorporó al Banco Mundial. Poco después fue nombrado jefe del gabinete del presidente y responsable de inversiones de *private equity* del fondo de pensiones.

En Washington conoció a Paulina Beato, que trabajaba en esa época para el Banco Iberoamericano de Desarrollo y previamente lo había hecho en el Fondo Monetario Internacional. Carvajal y su esposa, Xandra Falcó, querían volver a España y estaban estudiando diferentes opciones. Paulina rápidamente lo puso en contacto con su amigo Oliu, porque encajaba con el perfil de gente que estaba buscando. Carvajal era físico de formación y se había licenciado en la Universidad de Princeton. Oliu siempre ha sentido una inclinación natural por las personas que han mamado el sistema de pedagogía americano. Era 2001 y el Sabadell acababa de salir a bolsa.

La imagen que Jaime Carvajal tenía del Sabadell era la de un banco con un fuerte componente local que estaba empezando un proceso de expansión. «La primera vez que hablé con Oliu me pareció una persona directa y honesta. Tenía una clara visión de lo que quería hacer para convertir el Sabadell en uno de los grandes bancos españoles. Me explicó que quería modernizar las estructuras de gestión y financieras del banco y que su idea era ir comprando entidades, porque quería conseguir un banco de un cierto tamaño», recordaba para la biografía sobre el banquero publicada por La Esfera. De hecho, por esas fechas el Sabadell ya había intentado comprar el Urquijo. Casualmente, el padre de Jaime Carvajal fue durante veinte años presidente de esta histórica cabecera de banca privada. Aceptar la oferta incluía vivir en Barcelona, algo que le pareció un aliciente más, y allí se trasladó con toda su familia. Su primer encargo fue analizar Banco Atlántico de cara a una posible compra.

En aquel entonces había gente que había entrado en el banco con catorce años y que llevaban más de treinta o cuarenta años en la casa. «Él tenía claro que para avanzar necesitaba referencias externas de gente que viniera de otros bancos, que hubieran conocido mercados con legislaciones diferentes y sobre todo con distintas formas de hacer las cosas. Oliu supo conseguir un equilibrio entre la gente de dentro, que los había muy buenos y muy fieles, con algunos fichajes», recordaba Carvajal.

Su segundo gran cometido fue darle un empujón al negocio de gestión de rentas altas. Fue nombrado director general de Sabadell Banca Privada, la continuación de la unidad que había construido *ex novo* Adolf Todó. También aterrizó por allí en esa época Guillermo Kessler, técnico comercial y economista del Estado, que venía de ser un alto cargo del Ministerio de Economía como director general de Seguros y después había pasado también por el bróker de bolsa AB Asesores.

Banco Sabadell tenía cosas muy ilustrativas de su ADN. Organizaba unos cursos especializados que impartía gente de la casa para los empleados con más potencial y que daban derecho al título de apoderado, que era un cambio de rango brutal en el banco, sobre todo en servicios centrales. El apoderado tenía poder de firma. Cuando un empleado lo conseguía, era recibido por Joan Oliu para brindar con una copa de cava.

Mientras Oliu iba moviendo fichas, Banesto, toda una institución dentro del sector, vivía un revolcón con la entrada en 1987 como accionista de Mario Conde (junto con su amigo Juan Abelló) con el dinero de la millonaria venta de Antibióticos a Montedison. Este abogado del Estado, joven, seductor y un completo *outsider* de la banca, disfrutaba de un breve periodo de gloria tras haber frustrado la opa hostil del Banco Bilbao. Hasta que la inspección del Banco de España detectó un déficit patrimonial importante en Banesto. Fue precisamente Paulina Beato, que era consejera del banco, quien se encargó de diseñar en secreto un plan de saneamiento para intentar salvar la entidad. Sin embargo, el Banco de España no lo consideró suficiente y decidió intervenirlo el día de los Santos Inocentes de 1993. En aquel entonces Luis Carlos Croissier, ex del INI, presidía la CNMV. La caída a plomo de la cotización antes de hacerse oficial la intervención le obligó a suspender la negociación de las acciones.

La primera crisis bancaria que le tocó gestionar a Josep Oliu fue la de 1993. Los precios de los pisos cayeron abruptamente y la morosidad se disparó a niveles del 9 por ciento, los más elevados hasta la fecha. A nivel organizativo, el banquero decidió crear cinco unidades de negocio: banca de empresas, banca de particulares, corporativa, banca privada y gestión financiera. Empezó a introducir cosas revolucionarias para un banco de pymes. Por ejemplo, la venta de fondos de inversión de gestoras extranjeras como Schroders. Poca gente sabe que Sabadell fue la primera entidad que ofreció algo tan simple como los extractos diarios de las cuentas.

Montó el banco Dexia Sabadell, especializado en financiación de Administraciones locales y comunidades autónomas. La entidad catalana se beneficiaba del bajo coste de financiación de un banco, Dexia, con *rating* AAA gracias a esta sociedad conjunta.

Oliu fichó a un polémico jefe de personal, el riojano Juan Cruz Alcalde, para acabar con la política paternalista de la casa. Su primera misión fue eliminar una norma no escrita que decía que todos los empleados del banco tenían derecho a jubilarse con el cien por cien del sueldo. De su mano llegó Miquel Montes, también procedente de Deutsche Bank, que fue el encargado de supervisar el cambio de plataforma tecnológica. Este directivo ha participado en prácticamente las diecisiete fusiones que ha hecho Sabadell a lo largo de historia. Se jubiló hace muy pocos años del banco.

El gran desafío de Josep Oliu era alcanzar la presidencia, que iba a quedar vacante cuando Joan Corominas cumpliera setenta y cinco años. Además, quería ser presidente con plenos poderes ejecutivos, algo que en los más de cien años de la entidad nunca había sucedido. Necesitaba mandar para darle un buen giro al banco. Su padre lo ayudó cuanto pudo a preparar el terreno hasta su repentina muerte en 1998 de un infarto, un año antes del nombramiento de su hijo.

En la carrera por la presidencia fueron surgiendo otros aspirantes. El más claro era Bonaventura Garriga, de sesenta y siete años, que por su condición de vicepresidente era el teórico candidato a relevar al máximo representante de la entidad. En aquel momento, las familias textiles se habían diluido bastante en el accionariado y controlaban alrededor del 10 por ciento del capital como máximo, según algunas fuentes. No tenían el poder económico, pero hacían valer su peso histórico.

Oliu hijo consideraba urgente abandonar cuanto antes esa tierra de nadie en la que estaban también otros bancos regionales, como el Pastor y el Guipuzcoano. Eso pasaba por sacar el banco a bolsa para obtener el dinero necesario para aumentar su balance mediante compras. Repitió este mensaje hasta la saciedad. «Fue complicado. No todo el mundo lo veía», señala Oliu. Sus mayores opositores dentro del consejo eran el citado Bonaventura Garriga y Tomás Casañas. El resto era más bien un gran magma expectante. Los Monràs, que tenían una posición accionarial muy relevante, le dieron su apoyo. Fuera del consejo hicieron mucho ruido en su contra Josep Montañés, jefe de Internacional, y Llibert Barcons, interventor general. Sus grandes valedores, por el contrario, fueron Josep Permanyer, un veterano del banco, Esteban Faus, José Luis Negro y el propio presidente saliente, Joan Corominas. Oliu planteó la presidencia ejecutiva como un todo o nada.

«O soy presidente ejecutivo o me voy», pensaba. En un momento determinado, hubo una conspiración contra él que no prosperó. «En el fondo todos sabían que era el candidato. Daba diez mil vueltas a cualquiera, aunque dudo que los consejeros de entonces llegaran a entender la trascendencia del reto que planteaba», señala Marc Monràs, hijo del que fue primer ejecutivo de la entidad.

«No era un recelo hacia él, sino hacia el cambio de modelo que quería implantar», añade una fuente muy próxima a Oliu. Muchas de las suspicacias tenían que ver con su juventud.

La batalla de la presidencia le coincidió con un momento personal muy duro, porque todo esto ocurría mientras su madre se estaba apagando. Isidra Creus falleció a consecuencia de un cáncer de pulmón por esas fechas, un año después que su marido. Josep Oliu compartía con ella muchos rasgos de su personalidad, como su intuición, su vitalidad y su carácter inquieto.

Su madre lo animó hasta el final: «Josep, tienes que aguantar lo que haga falta», le decía.

El 11 de noviembre de 1999, una filtración a *La Vanguardia* dando como seguro el nombramiento de Josep Oliu fue determinante para ganar el pulso. Ese mismo día el Consejo de Administración se reunió y lo nombró presidente ejecutivo.

«Es el único caso que conozco en el que alguien de fuera alcanza todo el poder y consigue ir renovando todo el consejo a su medida», señala Juan Rosell, expresidente de la patronal empresarial CEOE. No obstante, la tarea le costó años, porque nadie dimitió, y cubría las vacantes a medida que los consejeros iban cumpliendo su mandato. También tardó lo suyo en ir relevando a los directores generales de la vieja guardia. Para apaciguar algo las aguas nombró como número dos a Josep Permanyer, un histórico de la casa que siempre había sido muy leal a su padre.

Oliu tenía entonces cincuenta años. Tomaba los mandos de un banco con una red de 672 sucursales y 6.510 empleados. Era la octava entidad financiera de España, por delante de Bankinter. La Caixa de Pensions ya llevaba nueve años integrada con La Caixa de Barcelona en una única caja de ahorros.

Terminaba una dura batalla y comenzaba una aventura apasionante. A su alrededor, la gran banca vivía un momento histórico. Ese año se anunciaron dos fusiones que revolucionaron el mapa bancario por su gran tamaño y las luchas internas de poder que provocaron: Santander/BCH y BBV/Argentaria.

9

EL BANCO CENTENARIO FUNDADO POR LA BURGUESÍA TEXTIL

Hace treinta y cinco años, en Cataluña había diecisiete bancos y diez cajas de ahorros, que eran en realidad las que dominaban el mercado. De todo ese ecosistema hoy solo queda CaixaBank, líder indiscutible, Sabadell y la pequeña cooperativa de crédito Caja de Ingenieros. No muchos se acuerdan de lo distinto que era Sabadell al principio y hasta hace relativamente poco.

Fabricantes de lana y comerciantes fundaron Banco Sabadell en 1881 en la comarca catalana del Vallès. La ciudad era entonces la cuna española de la industria textil. Estos empresarios ejercieron como dueños y señores del banco hasta hace apenas veinticinco años. Durante décadas, Sabadell fue un banco local y endogámico al servicio de las empresas catalanas en sus aventuras exteriores.

Tener acciones del Sabadell era considerado un signo de estatus en la ciudad. De hecho, era habitual que los títulos se heredaran de padres a hijos.

La entidad funcionaba como un ecosistema tan cerrado que tardó casi cien años en abrir sucursales fuera de su ciudad de nacimiento. Y el primer fichaje de fuera de la casa para gestionar el negocio fue el de Juan María Nin, allá por 2002.

Sabadell es uno de los bancos más longevos del vivero financiero también en el conjunto de España. Ha sido, además, protagonista de la trayectoria industrial de su ciudad. Nació cuando la localidad escasamente contaba con veinte mil habitantes. Acababa de terminar la guerra carlista con la restauración de la monarquía en la figura del rey Alfonso XII. Se vivía un periodo de cierta prosperidad gracias a la incorporación del vapor como fuerza motriz de las máquinas. La burguesía local aprovechó la paz social y política para desarrollar su tan genuino espíritu emprendedor.

Un grupo de ciento veintisiete industriales, integrado por fabricantes de tejidos de lana, comerciantes y pequeños terratenientes locales, decidió crear un banco para financiar sus negocios. Al principio funcionaba como una agencia de compraventa de lana y carbón, las materias primas necesarias para la actividad económica local. El Banco de Sabadell, como se denominó durante décadas, fue registrado el 31 de diciembre de 1881. De las veintisiete pequeñas entidades financieras también constituidas por esas fechas, el Sabadell es el único superviviente.

Era tal su simbiosis con el mundo textil que estaba alquilado en los bajos de la sede del Gremio de Fabricantes. Así se los conocía a los dueños de las fábricas que trabajaban la lana y a los propietarios de telares y de máquinas de hilar. Ellos eran la burguesía local, porque la ciudad vivía de este negocio. De hecho, llegó a ser el mayor centro lanero de toda España. La vecina Terrassa estaba más especializada en el algodón, al igual que Barcelona. Sus instalaciones eran más grandes y necesitaban de un salto de agua cercano para alimentarse de energía hidráulica. Banco de Sabadell abrió enlaces comerciales en Francia, Uruguay y Argentina para estar cerca de los proveedores de materias primas. La oficina de Buenos Aires se dedicaba a la compra directa de lana y de pieles sin tratar, que después vendían con la correspondiente comisión. Por su parte, los empresarios textiles sabadellenses enviaban a Argentina a través del banco los tejidos fabricados con la lana, mantas, edredones y un largo etcétera. Tan bien iba el negocio que esta actividad permitió al banco financiar parte de la red de agua corriente, alumbrado y alcantarillado de la ciudad. Hasta que un día la caída del consumo de la lana argentina en favor de la australiana, gravada con menos aranceles, derivó en múltiples pérdidas que tardaron en ser amortizadas. El banco cerró la oficina de Buenos Aires en 1902. Jamás volvió a invertir en el sector industrial.

A partir de entonces, el Sabadell se dedicó exclusivamente al negocio bancario. Desde el principio se convirtió en el rey de las letras de cambio. Los fabricantes giraban letras a sus clientes, los sastres y modistas de toda España. Una vez aceptadas, con esos papelitos iban después al banco a cobrar el dinero, que este adelantaba a cambio de una comisión. Los empresarios que hacían telas para pantalones, chaquetas y abrigos se llamaban pañeros y los que fabricaban tejidos para ropa de señora, laneros. También se hacían, aunque en menor medida, tejidos de algodón e hilados de estambre y lana.

El banco fue más adelante pionero en el acompañamiento de empresas catalanas en su actividad exportadora. De hecho, fue el primero de toda España en abrir oficina de representación en China, India y Turquía.

Durante la Primera Guerra Mundial, el gremio se enriqueció con la venta de telas para uniformar a las tropas aliadas, que demandaban mantas, capotes y uniformes de pura lana, el tejido que más abrigaba a los combatientes. También ganó bastante a través de la especulación con divisas extranjeras. Pero, cuando acabó el conflicto, Cataluña vivió un goteo de cierres de bancos diminutos que quebraron por la caída de la actividad industrial (caso del Banco de Cataluña) o por el abrupto descenso de movimiento de moneda internacional (caso del Banco de Barcelona). La tasa de mortalidad fue enorme, porque prácticamente cada pueblo tenía su banco, desde Mataró a Terrassa, pasando por Figueres, Igualada, Olot y Vilafranca del Penedès.

Banco Sabadell, de hecho, presentó suspensión de pagos en 1926, pero por un problema bien distinto. Un chaval avispado que había entrado a trabajar con quince años, Francesc Monràs, descubrió un agujero patrimonial que los balances no reflejaban y que el Consejo no había sabido detectar. Procedía de pérdidas no declaradas provocadas por un cliente textil que, al parecer, el director general había decidido ocultar. Tres accionistas históricos viajaron de inmediato a Madrid y lograron el apoyo del general Primo de Rivera y del Banco de España para que no les cerraran las líneas de liquidez. Pusieron como garantía su propio patrimonio y el Ayuntamiento de Sabadell también respondió a la llamada de auxilio. Desde ese momento, Francesc Monràs tomó las riendas de la entidad y durante bastante tiempo fue uno de los mayores accionistas.

Las desventuras no acabaron aquí. Durante la Guerra Civil española, el banco fue colectivizado y prácticamente todo el Consejo tuvo que huir. Como Sabadell estaba en zona republicana se convirtió casi en misión imposible vender tejidos a los clientes, que en su inmensa mayoría se encontraban en la zona nacional. La industria local se tuvo que conformar con fabricar uniformes para el ejército republicano y poco más. La mayoría de las veces, los empresarios tenían que hacer filigranas para cobrar. Algunas fábricas textiles fueron utilizadas por las tropas para montar aviones, los llamados «moscas» que surcaban el aire durante la República. Otras naves se reconvirtieron en almacenes para balas y munición militar, según la documentación de la época. Terminada la contienda, entró como aspirante al banco un chico de baja estatura con gafas llamado Joan Oliu.

Procedía de una familia modesta. Era el hijo de un encargado textil. Llevaba trabajando desde los catorce años en varias fábricas y por las noches estudiaba profesorado y peritaje mercantil. Como parecía espabilado y voluntarioso, Monràs le encargó que elaborara de cero los balances de los tres años de guerra. Sorprendentemente fue capaz de cumplir con la misión. «Algo de talento debe de tener este muchacho», pensó Monràs, que diez años después se convertiría en su número dos. El banco tenía entonces una oficina y cuarenta empleados.

A Oliu le tocó cumplir el servicio militar en Cataluña y Monràs movía sus hilos para conseguirle algún permiso extra y tenerlo unos días en la oficina. Siete años después ya era apoderado. Al poco contrajo matrimonio con Isidra Creus, una jovencita que trabajaba para el despacho de Rafael Estany y que acudía a menudo al banco.

En 1976, Joan Oliu sustituyó al frente de la dirección general a Monràs, su maestro en el oficio. Su hijo Josep se encontraba entonces acabando la tesis doctoral en Estados Unidos. La red de oficinas alcanzaba ya el centenar, aunque su presencia se circunscribía todavía a Cataluña. Joan Oliu era, *de facto*, el primer ejecutivo. El Consejo de la entidad era como un senado, porque sus miembros no tenían límite de mandato y muchos eran octogenarios. El fallecimiento era la causa más habitual de renovación de cargos.

El Sabadell funcionaba a todos los efectos como una empresa familiar. En 1953 se firmó un pacto de accionistas que restringía la transmisión de las acciones a los parientes directos. Si se quería vender a un tercero había que informar al Consejo, que posteriormente se encargaba de distribuirlas entre los mejores clientes. Poseer títulos del banco era un signo de distinción social. En teoría, ninguna persona podía superar el 0,7 por ciento del capital.

El banco pensaba en pequeño y era muy endogámico. Tardó casi cien años en salir de su ciudad y lo hizo en 1965 para instalarse en la vecina Sant Cugat del Vallès, municipio que hoy alberga los cuarteles generales y el centro corporativo de la entidad. El banco se fue extendiendo como una mancha de aceite por la comarca vallesana y por la provincia de Barcelona durante veinte años. En los ochenta fue cuando se inició la expansión en el resto de la geografía española.

La historia de los Oliu y de la gran estirpe de banqueros en España, los Botín, no es tan distinta. El Santander nació veinticinco años antes también como un banco de pueblo antes de mudarse al céntrico paseo de Pereda de Santander. Emilio Botín también sucedió a su padre al frente de la entidad. Curiosamente, el mismo año que Josep Oliu empezó a trabajar en el Sabadell. La diferencia es que el Santander se modernizó y empezó la expansión unos quince años antes. Cuando el banco catalán empezó a absorber competidores para aumentar el balance, Botín se disponía a trasladar a Latinoamérica el modelo de éxito creado por su padre en España.

A Josep Oliu ya no le dio tiempo. La crisis de 2007 le paró en seco. Se sigue lamentando por ello, porque se hubiera ahorrado muchos dolores de cabeza si el banco no hubiera tenido el cien por cien de su riesgo en España. Otra cosa que los diferencia, la más importante, es que la familia Botín controla *de facto* el banco con alrededor del 1,2 por ciento del capital social, algo que no sucede en el Sabadell. Oliu tiene ocho millones de acciones, el 0,15 por ciento de capital.

Banco Sabadell no se derrumbó con la desaparición del motor económico de la ciudad, sino que ha protagonizado una historia de crecimiento que lo ha llevado a ser uno de los cinco grandes de España. Eso no sucedió ni con el banco de Igualada ni con el de Terrassa, ni siquiera con el Banco de Barcelona. Todos sucumbieron.

Con lo que sacaron de la venta de las fábricas, muchos empresarios textiles invirtieron en el sector inmobiliario y perdieron parte de su patrimonio al estallar la burbuja inmobiliaria de 2007.

La ciudad, la quinta de Cataluña y situada a 25 kilómetros de Barcelona, no ha encontrado relevo para su industria tradicional. En los ochenta y noventa quizá permaneció demasiado adormecida. El único legado de peso que ha dejado la ciudad es el Banco Sabadell. Joan Oliu, el padre del actual presidente, fue Medalla de Honor de la Ciudad de Sabadell, y la Generalitat le concedió en 1991 la Creu de Sant Jordi, la máxima distinción civil.

La banda sonora de la infancia de Josep Oliu fue el sonido machacón de los telares que abarrotaban la ciudad. Algunos industriales tenían su despacho en el centro y fábricas a las afueras. Pero muchas otras estaban dentro de la localidad, intercaladas entre las viviendas. Había quien tenía incluso un pequeño taller en el patio de casa. Lo peor era que funcionaban día y noche, a tres turnos, y había que convivir con ese ruido a la hora de dormir. Los niños de aquella generación no olvidarán nunca el olor característico de la lana, que es tan difícil de describir con precisión. Hijos de antiguos fabricantes dicen que recuerda al olor de tintorería, porque la lana llegaba sucia y los obreros tenían que lavarla y tratarla con productos químicos. Al final del proceso se aplicaban los tintes. Eso explica que haya tantas compañías alemanas del sector instaladas en Cataluña, como Bayer, Basf y muchas otras.

El banquero se sigue sintiendo muy de Sabadell, aunque no ejerce, según su entorno. Sin embargo, es difícil verlo por la ciudad porque ya no le queda familia allí.

Oliu padre era un comercial puro, un banquero autodidacta, muy pegado a la calle, que tan pronto hablaba con el churrero como con el taxista. Cuando viajaba a Madrid, solía llevar dos billetes de avión en el bolsillo: uno de clase *business* por si se encontraba con alguien conocido en la cola de embarque y otro de clase turista. Su hijo era un catedrático de Economía que sabía mucho menos de banca, pero que ha demostrado ser un hábil estratega.

Joan Oliu, que siempre admiró la inteligencia de su hijo, estuvo muy pendiente de la educación del *hereu*, de su heredero. Lo matriculó en los Escolapios y lo envió varios veranos, cuando era adolescente, a un colegio mayor a París. De pequeño le puso un profesor particular de inglés y también hizo un curso de gramática catalana para aprender a escribir correctamente.

Los Oliu, padre e hijo, tenían parecidos razonables. Ambos, claros y directos, sencillos, amantes del campo, pragmáticos y sin saber dónde acaba el banco y empiezan ellos. Pero ahí terminan las semejanzas. El padre tenía mayor empatía, comunicaba mejor, nunca se alteraba, resultaba difícil hacerlo cambiar una decisión y, sobre todo, era mucho más prudente, quizá demasiado. El hijo, en cambio, tiene otro talante, un mayor ego y no es raro verlo cambiar radicalmente de opinión sobre un tema. En ese aspecto es más influenciable.

Joan Oliu fue el mejor banquero catalán de su época, solo superado por Luis Valls, quien convirtió el Popular en el banco mediano más eficiente de Europa y fue el banquero más influyente del último cuarto de siglo.

Josep Oliu pasará a la historia por haber superado una opa hostil, pero no solo. También por haber cogido un banco provincial dedicado solo al servicio de la pequeña empresa y haberlo hecho grande mediante una estrategia bien enfocada de adquisiciones rápidamente ejecutadas, al tiempo que modernizaba sus estructuras de gestión y lo convertía en una entidad cotizada.

10

LA HISTÓRICA SALIDA A BOLSA

En Banco Sabadell había tres tabúes. El primero, que no se adquirirían bancos. Josep Oliu desobedeció ese mandamiento al comprar NatWest España en 1996, cuando todavía ni siquiera era presidente. Se atrevió incluso a comprar una participación en un banco mexicano, el Bajío, y en una entidad dominicana. El segundo tabú, que no se realizaban inversiones industriales. Y el tercero, que el banco no podía salir a bolsa. Los dueños históricos del Sabadell pensaban que era la mejor garantía para mantener la independencia.

Cuando Oliu hijo llegó a la cúpula ejecutiva, el banco tenía unos cuarenta mil accionistas. Básicamente la burguesía de Sabadell, los grandes y mejores clientes y los directivos. Casi todo el capital estaba concentrado en una pequeña ciudad de doscientos mil habitantes. Las acciones estaban muy repartidas. En virtud de un pacto de sindicación firmado en 1953 nadie podía superar el 0,7 por ciento del capital. Los títulos se recibían normalmente en herencia. Si alguien quería vender a un tercero, tenía que entregar esos títulos al Consejo, que se encargaba de distribuirlos a su mejor criterio entre aquellos que estaban en lista de espera.

Dentro del grupo de los fundadores, las participaciones accionariales sí eran significativas. En el caso de Joan Llonch, tenían acciones su padre, su abuelo, dos tíos abuelos... Y entre todos fácilmente podían sumar un 3 o un 4 por ciento del capital. La familia Monràs, que salió del capital en 2006, asegura que llegaron a tener una participación del 3 por ciento. En realidad, el banco estaba controlado por unas veinte familias.

Todo esto contribuía a que fuera cerrado, introvertido y con una cultura muy peculiar. El contraste con otras entidades que sí cotizaban y tenían también accionistas internacionales era muy fuerte. El Santander (entonces BSCH) y BBVA incluso cotizaban en Wall Street con certificados de depósito estadounidenses (American Depositary Receipt, ADR).

Oliu ya llevaba el proyecto de salida a bolsa en su programa cuando se postulaba como presidente. Pero los accionistas más recelosos no pensaban que el proceso se abriría tan pronto. El banquero había declarado en una entrevista a un periódico que se daba diez años para el salto al parqué. Apenas un par de años después de esas afirmaciones ya tenía sacado el *ticket* bursátil.

La junta general del Sabadell fijaba cada año el valor de la acción, que solía coincidir con el valor contable. Cuando algo no tiene valor de mercado, los propietarios tienden a pensar que poseen un tesoro. En aquellos tiempos, incluso el presidente Corominas llegó a decir que los títulos valían tres veces su valor en libros por comparación con otros bancos. «A mí lo que me daba miedo era precisamente lo contrario, que viniera una hecatombe financiera y que el *book value* [valor en libros] nos bajara a 0,5 veces, como pasó en la crisis de 2007, y tuviéramos que salir a bolsa corriendo», recuerda Oliu en la biografía editada por La Esfera en 2014. Es decir, concebía el salto al mercado como una operación defensiva.

Sin embargo, salir a pecho descubierto al mercado era una temeridad, porque al minuto uno el banco quedaba en el disparadero de cualquier competidor que le quisiera lanzar una opa.

Sabadell era un caramelo, porque estaba muy saneado. El plan de Oliu era buscar tres accionistas institucionales de referencia que controlaran el 30 por ciento del capital y ejercieran de escudo protector.

Los recursos que buscaba no podía encontrarlos en los accionistas históricos, venidos a menos con la crisis que ahogó el sector textil. Había que coger la maleta, como habían hecho tantos empresarios catalanes en el pasado, para venderlo al inversor internacional su *equity story*. Es decir, convencerlo de que su proyecto de expansión y crecimiento le podía hacer ganar mucho dinero. Oliu estuvo viajando por Italia, Francia, Reino Unido, Alemania y Portugal con sus colaboradores más estrechos. «No era nada fácil convencer a alguien de que entrara de accionista con un 10 por ciento del capital en un banco regional», admite. Hubo, por ejemplo, contactos avanzados con Crédit National de Francia que no fructificaron.

Al comienzo del proceso, Banco Popular se ofreció como socio accionarial. La propuesta, en boca de su consejero delegado Fulgencio García-Cuéllar, sentó fatal en la casa. Precisamente viniendo del Popular, el banco de Luis Valls, a quien Oliu padre admiraba tanto. Blindar el capital no significaba dejar que un competidor directo y cotizado pusiera un pie en el banco. Por eso, una de las obsesiones de Oliu al principio fue sobrepasar en tamaño al Popular.

La larga ronda de reuniones por Europa fue un rotundo fracaso. El único que dijo que sí fue el portugués BCP. Su presidente era un personaje singular. Oliu conoció a Jorge Jardim Gonçalves en Washington, con motivo de una reunión del FMI, y le fascinó. Jardim había creado BCP de cero y en veinte años lo había convertido en un referente en Europa. Era un caballero exquisito en las formas y todavía no había comenzado a cometer errores.

En realidad, Jardim tenía el ojo puesto en el Popular. Y lo último que se imaginaba cuando el equipo del Sabadell fue a verlo era que le iba a proponer que fueran socios. El portugués nunca había oído hablar de esta entidad, pero rápidamente se informó y pensó que esa ficha también podía ser buena para crear un banco ibérico, que era en realidad su propósito. Las negociaciones fructificaron y BCP entró en marzo de 2000 en el capital con un intercambio accionarial: el banco portugués controlaba el 8,5 por ciento de Sabadell y el banco catalán, el 5,3 por ciento de BCP. Ambos daban derecho a un asiento en el Consejo. La acción de Sabadell se valoró en aquella transacción a 3,2 veces el valor contable, según publicó *La Vanguardia*.

BCP tenía entonces una red de 953 oficinas en el mercado luso y participaciones en bancos de Venezuela, Brasil y Mozambique. Controlaba también la compañía de seguros Imperio. La entidad duplicaba el beneficio del Sabadell con un banco que casi triplicaba el tamaño de su balance. El pacto incluía una alianza comercial, una colaboración estratégica en internet, y en ese contexto nació el banco *online* ActivoBank, que después engordó con la compra del *broker* Ibersecurities.

Jardim Gonçalves, originario de la isla de Madeira, vivía rodeado de pompa, de arte, y le encantaba organizar eventos magnos. Semejante ostentación llegaba a incomodar a Oliu, un hombre muy austero para ser banquero, que además ha trasladado ese código de imagen al Sabadell. Sin embargo, le costó desenmascararlo y no fue el único. «Es duro decirlo, pero nos engañó a todos. Daba la sensación de que tenía el mundo en sus manos», señala una fuente que asistía a los consejos.

Jardim se convirtió en el primer consejero del banco en más de cien años no solo de fuera de Sabadell, sino de España. Pronto empezó a dejar entrever el rédito que quería sacar de la alianza. Jardim puso a Oliu en contacto con la cúpula del italiano Intesa (hoy Intesa Sanpaolo), que seguía intentando incorporar otro inversor internacional al capital. Más adelante Oliu se percató de que la intención del portugués era hacer una operación triangular para crear un banco europeo. Intesa era socio de BCP. La operación era en realidad un peligro para la independencia del Sabadell. De todos modos, no cristalizó. Entre otras cosas, porque quien mandaba en Intesa era Crédit Agricole, que tenía otros planes.

Fue entonces cuando Sabadell buscó un acuerdo con La Caixa, que pagó su entrada en el accionariado con la entrega del Banco Herrero. «Esto le sentó fatal a Jardim, porque frustramos toda su estrategia», señala Oliu.

El banquero portugués era imaginativo y aportaba ideas interesantes. Pero cuando empezaron a irle mal las cosas y a tener inspecciones en su banco (de hecho estuvo expedientado), tenerlo sentado en el Consejo resultaba muy incómodo para el Sabadell. Jardim fue investigado por el Banco de Portugal por un crédito concedido por el BCP a su hijo y además protagonizó luchas internas fuertes con otros accionistas. Hasta que un día se produjo un incidente bastante desagradable. «Jardim pretendía hacer una exposición muy brillante, porque a veces se atrevía a darnos lecciones, y un conocido empresario catalán que estaba en el Consejo le cortó y le espetó: "Si todavía no cumple tu mandato, te agradeceríamos mucho que dimitieses"», recuerda uno de los asistentes a la reunión. En 2008 salió del Consejo y también dejó la presidencia de BCP.

Así describe Oliu al banquero portugués: «Era un gestor buenísimo en *marketing* bancario que en un momento determinado dejó de tener los pies en el suelo, empezó a desarrollar una estrategia magna europea y se estrelló». Su diversificación geográfica en países como Grecia y Polonia no fue acertada porque calculó mal los riesgos. Y su imperio empezó a resquebrajarse. «También se equivocó al anteponer intereses nacionalistas portugueses por encima de los intereses económicos del BCP», añade Oliu.

En aquellos años, Emilio Botín había pactado con el portugués Antonio Champalimaud la compra del banco que llevaba su nombre. Esa adquisición generó una cierta efervescencia antiespañolista en Portugal. La única manera de sacar al Santander de la operación era pagándole bien. Así que Botín acabó comprando el Totta muy barato y BCP se quedó con el Pinto & Sotto Mayor. Fue la primera de un reguero de malas adquisiciones para Jardim. También compró a un precio desproporcionado su participación en el Banco Mello.

«Al final decidimos recurrir a La Caixa para completar el núcleo duro, pero sin darle representación en el Consejo», señala un antiguo directivo del banco. No lo consideraban la mejor opción porque era un competidor. La idea era buscar un socio internacional con el que poder hacer sinergias desde el punto de vista comercial. Pero los meses corrían en su contra y había un compromiso para hacer la salida a bolsa en 2001. Además, la caja de ahorros catalana les podía pagar con el Banco Herrero, una entidad de la que se querían desprender y una ficha bancaria a la que al Sabadell le encajaba.

El acuerdo se materializó muy rápido. El 20 de septiembre de 2000 se escenificó ante la prensa el pacto entre Josep Oliu y Josep Vilarasau, entonces presidente de La Caixa, que adquiría el 15 por ciento del Sabadell por 111.940 millones de pesetas. La operación se instrumentó mediante la entrega del 98,89 por ciento del Banco Herrero al Sabadell, que haría una ampliación de capital que suscribiría íntegramente La Caixa. De esta manera, la mayor caja de España se hacía con el 15 por ciento del capital (pero solo el 10 por ciento de los derechos de voto), que podía elevar al 20 por ciento en el plazo de cinco años, aunque para eso debía tener la aprobación del Sabadell.

La transacción valoraba la acción del Sabadell a 25.607 pesetas, el mismo precio que había pagado BCP unos meses antes. Con el Herrero dentro del perímetro, el tamaño del Sabadell crecía de golpe un 30 por ciento y desbancaba a Bankinter del quinto puesto del *ranking* bancario español.

Ya entonces se hablaba de que podía sobrevenir un cambio de regulación de las cajas de ahorros porque no cotizaban, y eso suponía un problema bien serio si necesitaban recapitalizarse. En este sentido, el acuerdo con el Sabadell les venía bien. Vilarasau debió de pensar: «Si algún día pasa alguna cosa, al menos tendremos una ventana abierta a la bolsa gracias al Sabadell».

«Una de sus aspiraciones era que nosotros formáramos parte del grupo La Caixa en algún momento», afirma Oliu. Vilarasau siempre tuvo en la cabeza la idea de que había que bancarizar La Caixa, aunque no le dio tiempo a hacerla realidad porque el que fue presidente de la Generalitat Jordi Pujol, con el que no tenía ninguna sintonía, modificó la ley catalana de cajas y tuvo que dejar la entidad, según asegura en sus memorias.

La Caixa fue un accionista incómodo, aunque menos que Jardim. «Oliu tuvo que aprender a tratar con la institución y ahí tuvo sus más y sus menos», señala un antiguo colaborador. El banquero siempre la consideró un inversor financiero. Pero La Caixa normalmente quiere mandar cuando invierte su dinero. «No quería mandar, pero sí influir», matiza Oliu.

Hubo un momento en el que La Caixa elevó su participación y el Banco de España, que no era nada partidario de que las cajas compraran bancos, le paró los pies. Ricard Fornesa, el hombre que sustituyó a Vilarasau, quiso nombrar dos consejeros: Carmen Godia, una de las grandes fortunas catalanas, y Miquel Valls, entonces presidente de la Cámara de Comercio de Barcelona. Oliu transigió, mal asesorado, y lo llevó a aprobación de la junta. El Banco de España vio la jugada y cuatro meses después obligó al banco a revocar dichos nombramientos.

Fue entonces cuando La Caixa decidió salir del capital. Empezó a vender de una manera un poco desordenada hacia abril de 2006. Tanto que afectó a la acción del Sabadell y Oliu tuvo que ponerse firme. Además, necesitaba tiempo para poder dar un correcto acomodo al menos a una parte de esa participación. Fueron momentos de tensión para el presidente porque era una búsqueda contrarreloj. Finalmente, a la altura de agosto trascendió que el banquero había logrado constituir un núcleo duro con grandes empresarios catalanes.

El grupo se denominó Famol y blindó un 5 por ciento del capital. El nombre de la sociedad era el acrónimo de Joaquim Folch-Rusiñol (Titán), Isak Andic (Mango), Mir (veterano accionista del Sabadell), Josep Oliu y José Manuel Lara (Planeta). Otro 2,96 por ciento fue a parar a manos del banco suizo UBS para colocarlo entre terceros, y un paquete del 4,5 por ciento se repartió entre varios inversores, Lara y Andic, entre ellos. El fundador de Mango (fallecido prematuramente en 2024) llegó a tener el 7,5 por ciento del banco y a ser vicepresidente de la entidad.

Ese núcleo duro estuvo vigente una década. Famol se disolvió oficialmente el día de Nochebuena de 2018 tras años de abultadas pérdidas para sus integrantes, también amigos personales del banquero, que habían comprado el grueso de su paquete accionarial cuando la cotización estaba en máximos históricos.

En realidad, la salida del accionariado de la burguesía catalana había comenzado tiempo atrás mediante ventas de acciones y diluciones en las sucesivas ampliaciones de capital del Sabadell.

Andic había dado carpetazo a los últimos flecos de su inversión en 2017. Antes de la crisis financiera de 2007 llegó a tener invertidos 500 millones, cuando la acción cotizaba entre

5 y 7 euros. En 2015, una sociedad patrimonial del empresario reconoció unas minusvalías derivadas de estas acciones de 360 millones.

También fue una aventura ruinosa para la familia Lara, dueña de Planeta, que en 2018 se deshizo del 2 por ciento del capital que todavía conservaba.

La salida del accionariado de La Caixa se completó en diciembre de 2006 con la acción rozando máximos históricos. Para entonces ya era conocido el plan de sacar a cotizar Criteria, el *holding* en el que la entidad había agrupado sus participaciones empresariales en Repsol, Telefónica, Abertis, Agbar y Gas Natural. La Caixa se fue con los bolsillos llenos de Sabadell: ganó 650 millones de euros en seis años y duplicó su inversión.

Antes de abrirse oficialmente el proceso bursátil, el Departamento de Relaciones con los Accionistas de Sabadell se fue reuniendo uno a uno con los históricos para explicarles por qué era necesario saltar al parqué. Oliu se encargó de hablar directamente con los más significativos para explicarles el papel protector del BCP y de La Caixa. La labor pedagógica fue importante. Ser natural de Sabadell y haber mamado la cultura del banco desde la niñez lo hacían muy permeable a los resquemores de sus interlocutores. Y su experiencia como profesor universitario lo ayudó mucho a que entendieran las razones del cambio. Oliu sigue teniendo una relación muy estrecha con los inversores. Presume de conocer a los que tienen posiciones relevantes y, por supuesto, a todos los históricos.

La junta de accionistas convocada para aprobar el debut bursátil fue un mal trago para el presidente, aunque sabía que las delegaciones de voto en el Consejo eran suficientes para arrancar el proceso. Hubo un empresario textil que intervino para criticar la forma de abordar la salida a bolsa, y un grupo de inversores lo jaleó con aplausos.

Resuelto lo más complicado, la operación todavía tenía un último impedimento que salvar. «Los accionistas del banco llevaban diez años queriendo comprar acciones y no les podíamos pedir que vendiesen el 20 por ciento de sus títulos para hacer una OPV [Oferta Pública de Venta]», resume el presidente. La colocación de acciones entre grandes fondos institucionales a través de una OPV era la fórmula que les recomendaban todos los bancos de inversión. En realidad, era la que todo el mundo escogía para saltar al parqué. «El banquero de inversión Emilio Saracho, de JP Morgan, fue el único que nos habló de un procedimiento poco corriente, que era el *listing*, a pesar de que iba en contra de su bonus, ya que él ganaba menos dinero con este tipo de operación», recuerda Oliu. Consistía simplemente en poner directamente a cotizar todas las acciones en el mercado sin necesidad de vender ninguna. Así se hizo, aun sabiendo que los títulos tendrían una liquidez bajísima. Saracho era entonces, mucho antes de su fichaje para intentar salvar Popular tras el cese de Ángel Ron, un exitoso asesor de fusiones y salidas a bolsa.

El día elegido fue el 18 de abril de 2001, unos días antes de la onomástica del presidente. Los directivos dieron el toque de campana en la Bolsa de Madrid y cogieron el puente aéreo para cerrar la sesión bursátil en la de Barcelona. El precio de salida fue fijado por un experto independiente en 21 euros (2,28 veces su valor contable). Los días inmediatamente anteriores mucha gente había acudido a su sucursal para interesarse por la compra de acciones. Se pusieron en circulación 175 millones de títulos. El *free float* (porcentaje de capital que cotiza) era del 76,50 por ciento. En la sesión inaugural, la cotización se disparó un 14,66 por ciento. Pero, tal y como esperaban, el primer año solo se cruzó un promedio de entre 60.000 y 80.000 títulos al día. Un volumen propio de un simple *chicharro*.

La auténtica salida a bolsa se produciría tres años después, tras la ampliación de capital de 1.231 millones que hizo el Sabadell para financiar la compra del Banco Atlántico. En esa ocasión fue Juan María Nin el compañero de viaje de Oliu en la búsqueda de inversores. La negociación diaria se disparó al millón de títulos. El salto en capitalización, liquidez y rotación de títulos fue tal que se ganó una plaza en el Ibex 35. La demanda de acciones superó en 5,5 veces la oferta disponible y más del 70 por ciento del capital acudió a la operación, incluidos La Caixa y BCP. El peso de los grandes fondos internacionales en el capital se triplicó hasta el 17,4 por ciento.

Los Crusafon, accionistas de toda la vida, decidieron vender sus acciones y lo hicieron público mediante una carta abierta publicada en *La Vanguardia*. Hoy, los empresarios textiles y comerciantes que fundaron el banco se han diluido tanto que solo controlan una parte ínfima del capital, inferior al 3 por ciento.

La salida a bolsa fue la excusa para terminar de modernizar el banco por dentro y por fuera. Un poco antes del debut en el parqué se encargó el cambio de identidad corporativa al argentino Mario Eskenazi, quien había diseñado años atrás el premiado logotipo de Solbank, la marca creada para el negocio procedente de los turistas británicos que vienen a pasar largas temporadas a España. Cualquier cambio relacionado con la imagen costaba muchísimo. Oliu lo vivió de cerca al poco de llegar a la organización, cuando fue testigo de la enorme discusión que provocó la propuesta de abreviar el nombre original, Banco de Sabadell, por Banco Sabadell. De hecho, algunos vallesanos siguen utilizando la primera denominación.

Con el tiempo, muchas reticencias se fueron venciendo. Precisamente como consecuencia de la compra del Atlántico, el banco incluso se planteó españolizar la marca. Es decir, se estudió la posibilidad de adoptar la marca Atlántico en toda la red comercial, incluida Cataluña. Lo cierto es que tenía un grado de reconocimiento elevado en el mercado y podía ser perfecta cuando abordaran la aventura internacional. Sonaba bien. Había quien pensaba, los menos, que la referencia a Sabadell podía suponer una rémora cuando el banco se hiciera más grande a escala española. «Fue el propio Oliu el que defendió que Sabadell no podía desaparecer de la marca, que era bueno mantener las raíces, y se adoptó una fórmula de combinación que ha funcionado muy bien», explica Josep Permanyer, que ha trabajado desde los catorce años en la casa. El banco pasó a llamarse SabadellAtlántico en la zona de influencia del Atlántico, SabadellHerrero en Asturias, etc.

Todas esas combinaciones las iba viendo Oliu antes en el estudio de Mario Eskenazi, frente a la pantalla del ordenador. El banquero se presentaba a las ocho de la tarde, se quitaba la chaqueta y le contaba lo que quería que la identidad corporativa del banco reflejara gráficamente. «Me daba la clave exacta para hacer bien el trabajo», explica el diseñador argentino, al que lo une una buena amistad. De entrada, ya era raro que un empresario fuera a su estudio. Normalmente el interlocutor solía ser el director de *marketing*. Oliu lo hacía porque le atraen bastante el mundo artístico y la creatividad. Muchas veces, al terminar le decía a Eskenazi: «Llévame a cenar a alguno de esos sitios alternativos que conoces en el barrio Gótico».

El padre de Oliu murió sin conocer los planes de su hijo para sacar a bolsa el banco: «No le conté casi nada de todo eso. Pensaba que si lo hacía, a lo mejor no salía adelante. Mi padre sabía que quería modernizar el banco, pero poco más».

Josep Oliu tenía poquísimos confidentes, sobre todo al principio. Cuando empezó a tomar decisiones de cierta trascendencia en el banco, cogía un avión a Múnich y se iba a ver a Arno Puhlmann, que estaba al mando del Bayerische Vereinsbank.

Era un señor que las había pasado de todos los colores y tenía mucha influencia sobre él. Y poco antes de salir a bolsa le hizo una visita al financiero suizo Martin Ebner. Se lo presentó su amigo, el «minnesoto» José Trujillo. Ebner era una de las mayores fortunas de Suiza, pero no lo parecía a juzgar por su estilo de vida en un pueblecito cercano a Zúrich. Con un 25 por ciento de las acciones de UBS hizo tal marcaje al equipo de gestión del banco que su presidente acabó dimitiendo. Destacaba por su activismo contra las familias que ejercen demasiado poder en las grandes empresas. Aunque no siempre era coherente con lo que pregonaba, sabía el terreno que pisaba y le dio muchos consejos a Oliu para su aventura bursátil. Sobre todo lo apoyó en la idea de salir a bolsa sin OPV, uno de sus mayores dilemas en ese momento.

Obviamente, también hubo equivocaciones, sobre todo al principio. Por aquel entonces, el Sabadell estaba construyendo el modelo de banco con el que quería debutar en el parqué y debía aparentar ser una compañía moderna. Entonces era una entidad esencialmente de pymes. La consultora estratégica McKinsey los convenció para hacer una revolución comercial radical, pero proponía cambiar tantas piezas que el riesgo de ejecución era tremendo. La oficina dejaba de ser el centro de la gestión y se convertía en un cascarón para hacer meros trámites bancarios, aunque por ahí pasaban algunas líneas de gestión. Se organizó la estructura por líderes de segmentos y se crearon varias redes de oficinas: una de empresas, otra de particulares, otra de banca universal... El problema es que en aquellos años el tamaño del negocio de banca para particulares era muy reducido.

El ideólogo del plan estratégico fue Marc Monràs, el hijo del primer capitán del Banco Sabadell. Era una persona muy imaginativa y Oliu le hacía caso la mayoría de las veces, porque era inteligente y con talento para el negocio. En todo caso, no lo contradecía. Y decidió comprarle esta idea.

Sin embargo, Oliu desbarató el plan en la reunión en la que se presentaban las conclusiones. Monràs se sintió muy dolido, porque creía en el proyecto. El presidente cita ese momento como uno especialmente complicado. «Dar marcha atrás fue muy duro y lo pasé mal. La creatividad a veces se equivoca y tuve que echar el freno», explica.

Después de esta malograda experiencia, el banquero decidió que necesitaba un consejero delegado. Y así llegó Juan María Nin.

Nin era entonces uno de los trece directores generales del gigante BSCH. Procedía del banco perdedor en la fusión, el Banco Central Hispano. La falta de mando único, el choque de culturas y los problemas de la integración cuando ya llevaban dos años fusionados habían producido un desgaste enorme. En el verano de 2001, el grupo sufrió una crisis interna que acabó con la presidencia bicéfala de José María Amusátegui y Emilio Botín. El banquero santanderino había ganado la batalla por el poder.

El presidente del Sabadell estaba buscando entonces un consejero delegado joven que introdujera en la entidad el estilo y las maneras de gestión propias de un gran banco cotizado y con experiencia en redes comerciales. Al ver que había mucho mar de fondo en BSCH pidió a Luis Conde, el cazatalentos más importante de Barcelona, que llamara a Juan María Nin.

Oliu y Nin se vieron secretamente en un pueblecito de la Costa Brava. El punto de encuentro fue la casa de veraneo de una prima política del banquero y mujer del abogado Miquel Roca.

También hubo alguna reunión posterior en la cafetería del Hotel Villa Magna de Madrid, un lugar bastante menos discreto. Ambos ya se conocían de cuando Juan María estuvo trabajando como primer ejecutivo del BCH en Cataluña y Baleares entre 1992 y 1994, coincidiendo con los Juegos Olímpicos.

—Busco un futuro consejero delegado para el banco, experto en gran banca cotizada, con buena trayectoria de negocio que me pueda sustituir si a mí me pasara algo —le dijo Oliu—, y me han hablado bien de ti.

Fueron tres o cuatro meses de contactos. Era una jugada de riesgo para ambos, especialmente para Oliu. Concretaron mucho. El banquero le explicó que quería terminar de sacar el Sabadell del cascarón y dar un impulso fuerte a la gestión para parecerse de verdad a un banco cotizado. Compartió con él su proyecto de hacerlo grande a golpe de adquisición, como había hecho el Santander en su día. Llegaron a hablar del Banco Atlántico y del Zaragozano como potenciales objetivos.

Nin decidió irse con él. Le apetecía volver a Barcelona después de veintidós años fuera de casa. Pero sobre todo aceptó porque quería mandar. Y en el BSCH se había encontrado con un techo de cristal grueso. Fue el primer directivo procedente del Banco Central Hispano que abandonó la entidad, sin contar a Amusátegui. Oliu negoció el *timing* de la salida con Ángel Corcóstegui.

El fichaje aterrizó en la sede del Sabadell en enero de 2002 con cuarenta y ocho años y guantes de terciopelo. Se encontró con un banco adolescente, en proceso de transformación y que llevaba apenas unos cuantos meses en bolsa. En la gestión existía una cúpula con un presidente joven al frente de un equipo de dirección muy veterano. Algunos habían entrado en el Sabadell siendo unos chavales, sin ni siquiera haber cumplido la mayoría de edad. Nin fue contratado inicialmente como director general y al principio se repartió las funciones de número dos con Josep Permanyer, que tenía su mismo rango. Era la primera vez que el Sabadell elegía a una persona de fuera de la casa para un puesto tan elevado. «Su fichaje representó el cambio en mayúsculas», recuerda Miquel Roca. A los dos meses fue nombrado consejero.

Marc Monràs fue quizá el único factor disruptivo. «El presidente se enamoró de otro ejecutivo [Nin] y no podía haber dos gallos en el mismo gallinero», explica el propio Monràs. Como hijo del que fuera primer ejecutivo del banco durante treinta y siete años se sentía legitimado para ser la mano derecha del presidente. Era un hombre listo y con talento, pero tenía un carácter muy especial que no hacía fácil el trabajo en equipo, según algunas fuentes del banco. Hasta entonces había ido haciendo carrera en el banco. Cuando Oliu aterrizó como secretario general técnico, Monràs era director comercial; cuando Oliu pasó a dirigir el negocio, él lo sustituyó, y cuando fue nombrado presidente, Monràs pasó a ser director general comercial.

Ambos se conocían de siempre. De niños y adolescentes pasaban juntos los tres meses de verano en Sant Feliu del Racó. Oliu, a la vuelta de Estados Unidos, lo invitó a su boda. Pero esa amistad no se siguió cultivando y en el banco la relación basculaba entre el amor y el odio, aunque el banquero le seguía comprando muchas ideas.

La llegada de Nin supuso el portazo definitivo a sus aspiraciones. «A partir de ese momento, Monràs se convirtió en un foco de ruido constante en el banco, aunque no de conflicto, porque ya antes de su nombramiento había quedado fuera de la ecuación de poder», recuerda un antiguo directivo. En aquel momento presidía ActivoBank, el banco digital creado con BCP.

«Oliu me ofreció marcharme a Estados Unidos —el banco había puesto una pica en Florida— como jefe de internacional», relata Monràs. Pero se dio cuenta de que lo más sensato era abandonar el banco y negoció muy bien su salida.

Por su parte, Nin enfocó toda la gestión a resultados. Se comprometió al máximo en la compra del Atlántico, que integró en la estructura del Sabadell en un tiempo récord de nueve meses, cuando lo normal hubiera sido el doble. Y, por supuesto, se afanó en la búsqueda de inversores para la posterior ampliación de capital, que fue la auténtica salida a bolsa del banco. Nin es un hombre que domina la oratoria y bastante buen comunicador. Eso contribuyó a que la entidad dejara muy buenas sensaciones en las reuniones con los grandes inversores internacionales.

La gran palanca de crecimiento del Sabadell fue el Atlántico, aunque Nin supo engrasar adecuadamente la maquinaria comercial de las sucursales, y el negocio aumentó también por sí mismo. «Es un comercial puro, imbatible en la distancia corta», señala sobre él Miquel Roca. En reconocimiento a su labor, el banco lo ascendió en 2004 a consejero delegado, un cargo que nunca antes había existido en el Sabadell. El presidente se ha podido equivocar con algunos profesionales, pero no con Juan María. «Me ayudó mucho a transformar el banco», señala Oliu.

La separación de roles quedó muy clara. El presidente asumía la representación institucional y la definición de la estrategia, mientras que Nin se encargaba de dirigir el negocio bancario. «Juan María aportaba la claridad de ideas sobre cómo organizar el banco y enfocar los equipos hacia la consecución de resultados, clave para modernizar la estructura de gestión, y logró la mejor organización de absorción de entidades del mercado. Oliu representaba la historia y la continuidad de lo bueno que tenía el banco, así como una brillante visión a largo plazo», recuerda el antiguo directivo Jaime Carvajal en la biografía de Oliu editada por La Esfera en 2014.

El ejecutivo barcelonés lo cuestionaba todo y no le dolían prendas en cambiar las cosas en aras de una mayor eficacia. Y no era sencillo sacar a la casta directiva de una inercia de años funcionando de una determinada manera. «Oliu siempre defendía su trabajo, incluso cuando algún ejecutivo criticaba su forma de dirigir, su protagonismo excesivo o cuando a veces se colgaba alguna medalla que no le correspondía», explica un antiguo colaborador.

Su estilo de liderazgo era cien por cien marca Santander. Tensionaba la red para barrer en cada campaña comercial. Con él se trabajaba bajo una constante presión. Era un sistema que daba sus frutos, aunque incomodaba a una parte de la cúpula. También es cierto que el viento soplaba a favor. Eran los años del dinero barato, de la burbuja de crédito y de la aversión al riesgo. La actividad económica bullía y la tarta de negocio bancario jamás había sido tan grande. El crédito llegó a crecer a tasas del 25 por ciento. Parte del riesgo inmobiliario que contrajo el Sabadell procede de esta etapa.

Nin metió bastantes ejecutivos nuevos en la organización, la inmensa mayoría ex-Santander. En esa época aterrizaron en Sabadell Juan Antonio Alcaraz (después saltó a CaixaBank con él), Ana Ribalta, Ramón de la Riva, Juan Moríñigo y Alfonso Ayuso.

El banco protagonizó una transformación brutal en cinco años con el apoyo pleno del Consejo de Administración, donde ya se sentaban José Manuel Lara, el dueño de Titán y el fundador de Mango. Oliu y Nin hicieron juntos la operación del Atlántico, la más importante en la dilatada historia de la entidad, y la de Banco Urquijo, una espina que tenía clavada el presidente, aunque pagaron un precio desorbitado.

Casi todo lo que hacían les salía bien y eso les daba mucha complicidad. Oliu se reía mucho con Nin, un tipo simpático y fanfarrón. Tenían por costumbre ir muchos días a almorzar a alguno de los templos del buen comer que hay en Sabadell ciudad.

Hacían una pareja curiosa. En realidad, quien encarnaba la imagen clásica de banquero era Nin gracias a sus trajes de corte inglés y sus siempre bien elegidos zapatos. Presumido, tenía y sigue teniendo el porte característico de los ejecutivos que han estudiado en la Universidad de Deusto. Le encanta estar en todos los eventos sociales y no pasar desapercibido. Por esa razón algunos se referían a él cariñosamente como «el madrileño que habla catalán». En Bilbao vivió durante su juventud y allí conoció a su mujer. «Ese don de gentes era algo que lo seducía mucho a Oliu y lo admiraba por ello, porque él no es así», apunta un colaborador cercano y amigo de la familia. El presidente es un poco más torpe en las relaciones sociales fuera de su círculo de confianza. Su oratoria es mejorable y no es nada presumido.

Los trajes se los ha hecho durante décadas un sastre amigo íntimo de Sabadell hasta que cerró el negocio. Le encanta ir a cenar a sitios donde nadie lo conoce y los fines de semana suele llevar una gorra para pasar desapercibido, aunque poca gente fuera del ámbito económico lo reconocería.

La ambición es su denominador común. Y eso fue el caldo de cultivo de frecuentes comentarios sobre roces entre ellos, especialmente en los últimos años, que los aludidos siempre han negado. «La relación había dado mucho de sí profesionalmente y era como si estuviéramos en el descanso de un partido. Oliu se sentía incómodo en la ecuación presidente-consejero delegado y buscaba su propio espacio, aunque él nunca se sintió amenazado, es muy consciente de sus capacidades», explica una fuente próxima. Nin, por su parte, nunca llevó nada bien que algunos accionistas del Sabadell loe consideraran un simple directivo. Desde bien pronto fue consciente de que nunca sería presidente, porque Oliu no tenía ninguna intención de retirarse pronto.

Tras cinco años en Sabadell, Fainé «robó» a Nin para La Caixa en 2007, entidad de la que salió de manera abrupta en

2014 tras varios desencuentros. Actualmente es presidente del Círculo de Empresarios y del banco andorrano MoraBanc, entre otros múltiples cargos.

El recambio en Sabadell fue Jaume Guardiola, que en ese momento era el número tres del grupo BBVA. Venía avalado por una larga y exitosa trayectoria en Latinoamérica. Primero en Puerto Rico, después en Argentina durante el «corralito» y, finalmente, en México, en las postrimerías del «tequilazo». Allí fue la mano derecha de José Ignacio Goirigolzarri (el reflotador de Bankia), considerado uno de los mejores ejecutivos de banca comercial de España.

11

EL MEJOR FUSIONADOR DE BANCOS

Josep Oliu ha realizado con Sabadell diecisiete compras de bancos y dos opas, una sobre el Guipuzcoano; la otra en 2015 sobre TSB, entonces séptima entidad financiera en Reino Unido. Antes de lanzarlas se aseguró de que los grandes accionistas acudirían a la operación y el sí fue abrumador (90 por ciento en el caso de TSB).

Con lo que más disfruta el presidente del Sabadell es comprando, vendiendo, negociando y dibujando el futuro de la entidad. El negocio comercial siempre le ha resultado un poco aburrido.

Los brazos ejecutores de toda esta cascada de operaciones han sido Juan María Nin, primero, y Jaume Guardiola, después. Dos estilos diferentes, pero muy eficaces ambos.

Este bucle comprador, que se intensificó tras la crisis financiera de 2007, disparó su cuota de mercado en España al 7 por ciento en un tiempo récord. Durante diez años fue el banco más comprador de España. Santander, por ejemplo, no adquirió nada en esa época. El tamaño del balance del Sabadell es hoy casi el triple que entonces. El banco llegó a ganar más de tres millones de clientes en solo seis años. «Ha demostrado que es el que mejor integra bancos de España, solo por detrás de Santander», señala un analista de la City de Londres que ha seguido de cerca la trayectoria de la entidad.

Fue capaz de absorber Atlántico en nueve meses, tiempo que logró mejorar a siete meses con la Caja de Ahorros del Mediterráneo (CAM) de Alicante.

Oliu lleva siempre las negociaciones de fusión personalmente. A veces llega demasiado lejos y cuando habla con sus colaboradores se da cuenta de que tiene que recular. Es lo que le pasó con Isidro Fainé en 2009. Después de pactar una integración con La Caixa dio marcha atrás y eso enfureció a Fainé, según fuentes financieras. Oliu intenta dedicar un tercio de su tiempo a imaginarse el Sabadell del futuro. Va siempre con las luces largas encendidas. Sus movimientos muchas veces son de partida de ajedrez. Tiene una capacidad muy grande para ver la tercera derivada. Eso es gracias a su inteligencia, su intuición y su formación como economista matemático.

Esa potente mezcla ha minimizado los errores, que también los ha habido. Sucedió con el primer banco que compró en Estados Unidos, TransAtlantic Bank, por el que pagó una barbaridad de dinero en 2007. Fue una compra cara, pero sirvió para conocer el mercado de Florida, lleno de grandes fortunas latinas, en el que sigue presente.

Oliu ni tenía vocación de banquero cuando llegó al sector ni la ha tenido nunca. No lo oculta. «Siempre lo he visto incómodo en el ejercicio del negocio bancario, lo cual en absoluto es impedimento para ser un buen presidente. Es un culo inquieto y el trabajo del día a día yo creo que le cuesta», apunta un antiguo alto directivo.

Las primeras operaciones le sirvieron para aprender de las equivocaciones. Oliu saltó a este ruedo cuando compró NatWest España en 1996. Fue la única adquisición que llegó a ver su padre, que falleció dos años después. La operación incluía la pequeña red del Banco de Asturias, que después fusionó con Banco Herrero. Entonces fue cuando se dio cuenta de que la plataforma tecnológica estaba obsoleta y que había que renovarla. Cometió el fallo de mantener durante un año a la cúpula del NatWest y el banco acabó funcionando como una república dentro del Sabadell. Lo que sí fue un acierto fue especializar este negocio en un cliente muy concreto, el de los jubilados británicos y nórdicos que pasan largas temporadas en el Levante y en los dos archipiélagos. Así nació la marca Solbank, un éxito del diseñador gráfico Mario Eskenazi.

La siguiente integración fue la del Banco Herrero, el pago en especie con el que La Caixa canjeó su entrada en el capital del Sabadell. Se trataba de una enseña muy arraigada en una región bastante sindicalizada y que funcionaba con cultura de caja de ahorros. Como Sabadell apenas tenía presencia previa en Asturias, optó por hacer muchas prejubilaciones para ir poniendo a su gente en los puestos directivos. Eso alargó bastante el proceso de integración. Además, Herrero no hacía banca de empresas y el cambio de modelo de negocio también llevó su tiempo.

El presidente había vivido un año en Oviedo y sabía el terreno que pisaba. Conocía a mucha gente del ámbito universitario y eso lo ayudó a montar un Consejo Consultivo Regional lleno de notables empresariales y académicos. Uno de ellos fue Álvaro Cuervo, que fue director del Colegio Universitario de Estudios Financieros, el prestigioso Cunef.

Su forma de dar cariño al Principado fue potenciando el programa de becas. Asesorado por la catedrática Ana Isabel Fernández, decidió llenar de más contenido la Fundación Banco Herrero. Potenció los programas de becas para estudiantes en prácticas y ayudas a la investigación. Quería hacer todavía más y decidió crear un premio para jóvenes investigadores menores de cuarenta años con proyección exterior. Este galardón de Economía está considerado uno de los más reputados del país. Lo han recibido en diferentes ediciones José Manuel Campa, Jesús Fernández-Villaverde, Luis Garicano, Mauro F. Guillén y Pol Antràs. «Creo que Oliu disfruta especialmente el momento de analizar las candidaturas, ver por dónde van las investigaciones y qué metodología utilizan», subraya Ana Isabel Fernández.

La siguiente compra, la del Banco Atlántico en 2003, ocupa un lugar muy especial en la historia centenaria de la entidad. Está cargada de simbolismo por todo lo que significó en su momento. «Con esta adquisición dejamos de ser un banquito catalán», explicaba Oliu para la biografía publicada por La Esfera de los Libros en 2014. El banquero tenía una fijación por el Atlántico desde hacía años, antes incluso de ser presidente. «Yo tenía un sueño, que era sacar el banco a bolsa y comprar el Atlántico para hacer del Sabadell uno de los primeros de España», reveló en una ocasión. También analizó el Zaragozano, pero lo desechó porque era menos complementario y tenía una cartera industrial grande que no le interesaba.

El Atlántico equivalía a un tercio del balance del Sabadell y estaba controlado por Arab Banking Corporation, que lo adquirió en subasta tras la expropiación de Rumasa. La entidad había sido fundada en Barcelona en 1901 y, tras el impulso que le dieron un grupo de catalanes, varios de ellos vinculados al Opus Dei, acabó en manos de José María Ruiz-Mateos en la década de los setenta. Oliu tuvo enfrente en la puja a la portuguesa Caixa Geral, a Fortis, a Barclays y a un invitado de última hora, la CAM, que, según cuentan, llegó a poner bastante dinero sobre la mesa.

Uno de los rasgos de la personalidad de Oliu es que no tiene ningún pudor en cambiar radicalmente de opinión sobre un asunto. El día que había que fijar el precio, los bancos de inversión propusieron uno y el presidente estaba de acuerdo. Sin embargo, Juan María Nin y el abogado Miquel Roca, secretario del Consejo de Administración del Sabadell, sugirieron ofrecer más. Su argumento era que se trataba de una oportunidad estratégica, como lo había sido Banesto para el Santander, que no se podían arriesgar a perder. Oliu les hizo caso y elevaron la puja. Ganaron.

Sabadell financió la operación con una ampliación de capital de 1.231 millones de euros. Oliu y Nin se implicaron al máximo en esa aventura. Hicieron una intensa gira por las principales capitales financieras europeas para reunirse con los grandes inversores, conscientes de que se jugaban mucho. La fusión informática de las dos redes, el último paso de toda integración, llegó nueve meses después de la firma de la operación. El Sabadell subió un 30 por ciento su cifra de negocio de golpe en el *ranking* financiero. El recuerdo omnipresente de aquella compra es la flamante torre del Atlántico de la Diagonal de Barcelona, diseñada por el mismo arquitecto que construyó el primer Camp Nou y que Sabadell vendió por cerca de 90 millones años después, dentro de la fuerte oleada de recortes de estructura acometida por César González-Bueno.

La CAM ha sido un moscardón recurrente en la trayectoria reciente del Sabadell. Tras su aparición sorpresa en la puja del Atlántico, repitió estrategia en la venta del Urquijo. Llegó en el último minuto para calentar la subasta y a punto estuvo de ganar. Obligó a Oliu a desembolsar 760 millones por esta cabecera histórica de banca privada, que aportaba setenta y cinco mil clientes de rentas altas.

Hay una anécdota muy buena que rodea esta compra. El matrimonio Oliu y el consejero delegado Juan María Nin habían volado a París para presenciar la final de la Liga de Campeones entre el FC Barcelona y el Arsenal. Nin, al igual que su sucesor Jaume Guardiola, es un fanático seguidor del club blaugrana. El presidente lo es bastante menos, pero admira su estilo de juego basado en el continuo toque de balón. Llegaron tres horas antes a la capital francesa y, de camino al hotel, Oliu recibió una llamada inquietante: «Cuidado, porque podéis perder la subasta». Así se enteraron de la aparición *in extremis* de la CAM con una oferta económica golosa. Se metieron en un bar de Montmartre y allí montaron un improvisado gabinete de crisis. Oliu y Nin se pusieron a hacer llamadas como locos y revisaron al alza el precio.

El banquero dice que es la operación más cara que ha realizado jamás. Pagaron más de dos veces su valor en libros, sin ampliar capital y sin deuda. Lo hicieron con las jugosas plusvalías de la venta de la inmobiliaria Landscape a Enrique Bañuelos. El cabreo de la cúpula del Sabadell por el desarrollo de esta subasta fue monumental.

El Urquijo era una institución con mucha reputación en España. Primero, porque podía presumir de tener la mayor densidad de titulados universitarios de toda la banca. Segundo, porque llegó a ser el mayor banco industrial del país. Y tercero, por su elevada concentración de talento. Entre la larga lista de «exUrquijos» sobresalen Jaime Carvajal y Urquijo, César Alierta, Baldomero Falcones, Ramiro Mato, José María Loizaga, Jaime Benjumea, José Lladó y Gregorio Marañón. El banco gestionaba el dinero de las familias acaudaladas de la capital. Además, ejerció como mecenas de varios artistas y acumuló una valiosa colección de arte. Durante el franquismo actuó como refugio intelectual de varios escritores, Julio Caro Baroja entre ellos.

Oliu había estado a punto de llevarse el Urquijo ocho años antes, pero se lo arrebató el grupo belga KBC en el último suspiro. Todo estaba ya negociado con los propietarios, los March, pero el Consejo del Sabadell le tumbó la operación. Los belgas, según el banquero, se lo quedaron utilizando un contrato calcado al suyo y pagando el mismo precio. Oliu suele recomponerse rápido cuando las cosas no salen bien. Hace suya la expresión anglosajona *what's next?*

Sabadell concibe cada fusión como un incremento de negocio. Así consigue que repercuta lo menos posible en la gestión diaria. Divide el banco absorbido en varias unidades y después aplica un *copy paste* de su modelo de banca comercial. La experiencia ha dado a sus directivos las tablas necesarias para extraer grandes ahorros de costes jugando con unos plazos que parecen imposibles. Es como un rodillo. Tiene los raíles bien colocados y tan solo debe concentrarse en no tener distracciones que le hagan salirse de la vía de alta velocidad.

Su método no es perfecto, pero está muy testado y perfeccionado. El banco tiene muy claro que en las fusiones hay una cultura ganadora y otra perdedora. Eso significa que la alta dirección del banco absorbido debe salir prácticamente al día siguiente del desembarco y nombrarse un nuevo Consejo. Así sucedió en el caso del Urquijo.

Sabadell no funciona con *task forces*, porque piensa que estos comandos especiales creados *ad hoc* para supervisar una integración acaban siendo una estructura superpuesta a la dirección. Prefiere cargar a sus mejores hombres con esa responsabilidad extra y premiarlos después con un bonus generoso. Según el banco, así existen más garantías de que el trabajo del día a día siga su ritmo sin interferencias. Así sucedió incluso en la defensa numantina de la opa hostil de BBVA.

Cuando en el Sabadell se decide participar en una subasta bancaria, también es un equipo interno el que se encarga del buceo previo en los números de la entidad. Sus hombres y mujeres tienen fama de ser especialmente concienzudos. Ha sido así desde el principio. En el caso de NatWest, desmenuzaron tanto la cartera de crédito que llegaron a conocer sus riesgos mejor que sus propios directivos, según un exejecutivo de la firma

Benito y Monjardín que trabajó como asesor en la operación. Sabadell fue el banco que más técnicos movilizó en el análisis de las tripas de la CAM. Envió a doscientas personas a Alicante.

No siempre las mejores operaciones sobre el papel son las que salen adelante. Una fusión que parecía de manual, la de Popular y Sabadell, nunca llegó a cristalizar. Hubo interés por ambas partes durante años, pero también errores de planteamiento, movimientos hostiles y seguramente falta de entendimiento personal entre los presidentes.

El primero en mover ficha fue Fulgencio García-Cuéllar, entonces consejero delegado de Banco Popular. «Me habló de hacer algo juntos cuando buscábamos socios antes de la salida a bolsa», explica Oliu. El recado se lo envió también a través de la prensa y eso no sentó nada bien en el banco. Popular, que era mucho más grande, quería integrarlo como una filial. Dentro de su órbita tenía el Banco de Andalucía, el Vasconia y el Banco de Castilla, entre otros. Sabadell sería uno más del puzle para cubrir el territorio catalán. Es cierto que se trataba de una manera de estar en bolsa, pero suponía hacer trizas el proyecto del banquero catalán. Por suerte para él, se entendió con La Caixa mucho mejor.

Antes de que estallara la tormenta financiera de 2007, Oliu se vio con arrestos suficientes para intentar una opa sobre el Popular. Así lo aseguran dos fuentes muy cercanas a dicha operación. Luis Valls Taberner ya no estaba en activo y, de hecho, murió poco después. Oliu fue a ver secretamente a su hermano Javier, entonces copresidente, a quien conocía desde hacía tiempo, para tantear si podía hacerse con los apoyos suficientes en el Consejo para tomar el poder de la entidad. Había algún accionista que estaba dispuesto a vender, como Americo Amorim, el rey del corcho en Portugal. Este movimiento acabó llegando a oídos de Ángel Ron, el otro copresidente y quien *de facto* mandaba en el Popular. Al poco tiempo, quizá por esta razón, Javier Valls dimitió de sus cargos. La decisión causó bastante sorpresa en el sector.

Casualidades de la vida, Oliu y Ron volvieron a encontrarse frente a frente años después, en la pelea por el Banco Pastor. Para analizar ese momento y ponerlo en contexto hay que retrotraerse en el tiempo. El banco gallego y el catalán habían puesto previamente el ojo en el Guipuzcoano. Como a Sabadell también le interesaba poner una pica en Galicia, le propuso a José María Arias una operación a tres bandas con el banco vasco. Pero el presidente del Pastor no estaba por la labor. Fue entonces cuando Oliu fue a por el Pastor. Hizo números, puso un precio encima de la mesa, pero al final lo acabó absorbiendo el Popular. Lo hizo a pulmón. Es decir, sin ayudas públicas. Semejante esfuerzo de digestión lo obligó a realizar una macroampliación de capital de 2.500 millones y a suspender el dividendo para sus accionistas.

Oliu se quedó con la sensación de haber sido utilizado para dar un segundo precio por Pastor cuando la operación con Popular estaba casi hecha. La versión de este último, en cambio, es que hubo ciertas maniobras del Sabadell para atraerse a parte del accionariado y boicotear la operación.

Oliu se tuvo que consolar con agarrar al vuelo la oportunidad de venta del Banco Gallego. Se lo quedó por el precio simbólico de 1 euro. Antes había recibido 245 millones de dinero público.

Sabadell acabó lanzando una opa para quedarse con el Guipuzcoano, un banco orientado hacia las rentas altas y las pymes cuando tomaron el control. Es decir, estaba en la misma onda que el Sabadell. Había sido golpeado por la crisis inmobiliaria y tenía muchos apuros para cumplir los requerimientos de capital. No podía seguir en solitario. En 2010, Oliu lanzó una opa por el cien por cien del capital, a la que acudieron las cajas BBK y Kutxa, así como otros accionistas históricos con los que previamente había hablado para asegurarse que la operación podía salir adelante.

El Sabadell valoró el banco por su precio en bolsa (734 millones de euros), pero no pagó en efectivo, sino con una combinación de acciones y obligaciones convertibles en acciones. El Sabadell dio a los accionistas del Guipuzcoano dos asientos en el máximo órgano de administración del Sabadell. Uno de ellos fue, además, vicepresidente, Javier Echenique, que falleció en 2024 el mismo fin de semana que Isak Andic. Las sinergias de la operación ascendieron a 60 millones y el impacto en plantilla fue mínimo, ya que el excedente de personal se recolocó en un centro operativo creado en San Sebastián. El banco vasco aportó un negocio de 1.200 millones al área de banca privada del grupo.

Esta absorción supuso, de nuevo, el fin de la independencia de otro banco centenario. El Guipuzcoano era, además, la última entidad de crédito que quedaba con mayoría de capital vasco. Tenía su solera. En 1992, el Consejo había frustrado de una manera heroica una operación hostil del Banesto de Mario Conde. Había funcionado siempre como un banco familiar ligado a un nombre propio, José María Aguirre, un ingeniero de caminos reconvertido a banquero que presidió la entidad durante tres décadas y que fundó también la constructora Agroman.

Madrid es el punto débil de la política de expansión del Sabadell. Se trata de una plaza complicada y competitiva pero clave para un banco de empresas y de familias con rentas medias y altas. La entidad posee aquí ciento cinco sucursales. Ha crecido mucho, especialmente en empresas y banca privada, pero nunca ha tenido la cuota de mercado a la que aspiraba.

La integración que completó su periplo de crecimiento en España fue la del negocio español de Lloyds. El banco británico traspasó al Sabadell su cartera de créditos, constituida por hipotecas de muy baja rentabilidad, pero después de sanearla con una inyección de 295 millones. El Sabadell no pagó en efectivo, sino con acciones.

Oliu conocía a António Horta-Osório, entonces primer ejecutivo de Lloyds y uno de los banqueros europeos más conocidos, de la época en la que trabajaba en el Totta, el banco portugués controlado por el Santander. Emilio Botín lo adoraba. A veces se encontraban cuando él acudía a Lisboa a los consejos del BCP. El acuerdo entre Oliu y Horta-Osório se cerró en tres meses. La operación incluyó el negocio de banca privada que tenía Lloyds en Miami.

Sabadell ha ido engordando años después su actividad financiera en Florida, su única incursión internacional significativa tras la venta de TSB en Reino Unido a Santander. También tiene un pequeño negocio de banca de empresas en México.

La actividad de gestión de rentas altas y de banca corporativa creció con la compra del negocio de altos patrimonios de BBVA y con la adquisición de Lydian Private Bank, una entidad que atravesaba dificultades.

Josep Oliu siempre ha estado muy pendiente del negocio estadounidense. Al poco de fracasar la opa de BBVA viajó una semana a Florida para ponerse al día y verse con grandes clientes.

El banquero sabe comprar entidades, pero también sabe vender. Su mejor operación hasta la fecha ha sido la venta de la inmobiliaria Landscape a Enrique Bañuelos en octubre 2006, justo antes de que explotara la burbuja inmobiliaria. Acertó de pleno con el momento de salida. Antes que él ya habían vendido sus negocios de promoción Banesto y La Caixa. Sabadell se embolsó 990 millones de euros por una empresa que ganaba 37 millones.

En 2018 hubo otra transacción importante. Traspasó su plataforma de venta de inmuebles a Intrum por 240 millones y, un año después, su promotora al gigante del capital riesgo Oaktree por 882 millones. Ambas llevan la firma de su hijo mayor, Jaume Oliu, que trabajó siete años en Sabadell. La mayoría, limpiando el balance de activos inmobiliarios heredados del pinchazo de la burbuja.

Banco Sabadell comenzó la crisis financiera de 2007 siendo una entidad del montón y la acabó como la cuarta entidad de España.

«En cualquier industria, cuando se produce una desregulación tan fuerte, los grandes se hacen más grandes, las entidades de nicho sobreviven, aunque esta vez no ha sucedido así, y los del medio lo pasan bastante mal. Sabadell tenía todos los números para quedarse en tierra de nadie, como les pasó al Pastor y al Guipuzcoano. Sorprendentemente ocurrió lo contrario», señala un exbanquero. «Ha sido brillante el planteamiento estratégico. Intuyó que se iba a reducir mucho el número de jugadores y supo ganar masa crítica sin cometer ninguna locura», explica Teo Millán, que le acompañó en la operación del NatWest y del Guipuzcoano.

Semejante aumento del perímetro del grupo produjo una caída de la rentabilidad sensible y un empeoramiento fuerte de los ratios financieros. El banco tenía entonces la categoría de bono basura por parte las entidades de *rating*. Los directivos se tuvieron que arremangar para poner la casa en orden rápidamente y sacar brillo a las piezas adquiridas.

La guinda de esta carrera compradora fue la adquisición en 2015 de TSB, la séptima entidad financiera de Reino Unido. Atreverse con una operación de estas características da la medida exacta de la personalidad y la ambición del protagonista de este libro.

12

EL PRIMER BANCO QUE COMPRÓ
UNA CAJA DE AHORROS

Jaume Guardiola, consejero delegado del Sabadell, tragó saliva y hubo tres segundos de silencio al otro lado de la línea cuando un colaborador lo informó de que todo apuntaba a que Banco Sabadell era el único que había presentado una oferta en firme por la CAM.

—¿Cómo? ¿Solos?

Eso era algo que no había sucedido antes en ninguna subasta bancaria en España. Ese *glup* nervioso era una mezcla de sensaciones, entre euforia y pánico. ¿Cómo podía ser que de los otros siete candidatos que habían dedicado tiempo y recursos a estudiar la operación nadie más hubiera pujado? ¿Habían hecho bien los números o firmado su carta de defunción si se la adjudicaban? «Durante algunos días nos estuvimos interrogando sobre si nos habíamos equivocado o no», recuerda Miquel Roca, secretario del Consejo de Administración de Banco Sabadell.

La situación de quiebra técnica de la caja de ahorros alicantina, fruto de una mala gestión y de favores al poder valenciano, había puesto los pelos de punta al escuadrón de doscientos profesionales que Sabadell desplazó a Alicante en 2011.

Antes de pujar por ella definitivamente estuvieron cinco semanas destripando la caja para intentar encontrar todas sus miserias, que las había, y muchas. El director financiero de la CAM se quedó impresionado del nivel de escrutinio que realizaron. Se trataba de un bicho bastante grande que llegó a ser la cuarta caja de ahorros española. Su tamaño representaba un 70 por ciento del Sabadell y superaba el de alguno de los postores, como Barclays o Ibercaja. Lo que vieron asustaba, pero estaba en juego el control del territorio alicantino y murciano. La CAM arrasaba con unas cuotas de mercado en Alicante del 44 por ciento en particulares y del 50 por ciento en pymes y grandes empresas. En el caso de Murcia, las cuotas eran del 45 y del 40 por ciento, respectivamente. No obstante, se calcula que 7.000 millones llegaron a huir de la entidad antes de que fuera adjudicada.

—No puede ser, no puede ser. Tiene que haber algún tapado. No me fío —comentó Josep Oliu al enterarse de que pujaban en solitario.

Él mismo había escrito de su puño y letra, una de sus manías, el precio de su oferta por CAM en la planta 21 de la Torre Sabadell en la Diagonal de Barcelona. Solo otros cuatro directivos vieron esa cifra. Joan Grumé fue el encargado de entregar la oferta en sobre cerrado antes de que cerrara la ventanilla del Banco de España. Era el 24 de noviembre de 2011.

El presidente estaba convencido de que no ganarían. Santander era el favorito. De hecho, Emilio Botín llegó a presentar oferta, pero, o entró fuera de plazo, o no cumplía las condiciones del proceso. CaixaBank no pujó, pero envió un escrito interesándose por algunos activos si al final quedaba desierta la subasta. También habían estado buceando en sus números BBVA, Barclays, Ibercaja, Banesto (filial del Santander entonces) y la firma de capital riesgo americano JC Flowers. «Si el modelo financiero que hemos utilizado está bien hecho, salimos a hombros, pero si está, mal nos hundimos», pensaban los directivos catalanes.

La operación estaba diseñada de forma que el Estado se comprometía a hacerse cargo del 80 por ciento de las pérdidas que se pudieran producir durante los diez años siguientes a la compra a través de lo que se conoce como EPA (Esquema de Protección de Activos). Ese seguro a todo riesgo protegía una cartera de activos problemáticos valorada en 24.644 millones de euros. Ese saco incluía préstamos a promotores, hipotecas refinanciadas, pisos y solares adjudicados a clientes morosos y créditos a pymes.

Sin embargo, los banqueros catalanes querían más. Es decir, aspiraban a que el dinero público protegiera toda la cartera crediticia: la sana, la regular y la mala. Poco a poco se fueron mentalizando de que el Banco de España no llegaría tan lejos. CAM no era una entidad sistémica cuya caída pudiera arrastrar a todo el sector bancario. No estaba justificado, por tanto, que el contribuyente pagara las consecuencias de una flagrante mala gestión. Como mucho, una parte, y porque a esas alturas, desgraciadamente, no había alternativa. Había fracasado la fusión alentada por el Banco de España con Caja Madrid y Caixa Galicia. La entidad se logró meter en el proyecto Banco Base con Cajastur, Caja Cantabria y Caja Extremadura, pero fue expulsada cuando Cajastur se dio cuenta de que era una bomba de relojería empachada de riesgo inmobiliario. La posibilidad de liquidar la caja en lugar de venderla con dinero público se desechó porque era incluso más cara.

Emilio Botín, Francisco González e Isidro Fainé no imaginaban que Sabadell se la jugaría a pedir tantas ayudas por ella. Y menos que el Fondo de Reestructuración Ordenada Bancaria (FROB), la autoridad española para crisis bancarias, aceptara sus condiciones para evitar la liquidación.

CAM había sido intervenida el 22 de julio de 2011. Cuando se abrió la subasta a los directivos del Sabadell se les acercó la firma estadounidense JC Flowers y les propuso hacer una oferta conjunta. Su idea era pujar mediante un vehículo creado *ad hoc* para la compra. JC Flowers exigía una rentabilidad mínima y una ventana de salida a los cinco años. Sin embargo, al Sabadell le interesaba comprar directamente para poder conseguir los ahorros de costes que buscaba y con este planteamiento quedaban diluidos. Como no salían las cuentas, el tema no prosperó. No obstante, el banco decidió pedir el cuaderno de venta para tener acceso a los números de CAM. Todavía no había nada decidido. Era septiembre de 2011.

Semanas después, los financieros del banco se pusieron manos a la obra para intentar adivinar las pérdidas potenciales que podía tener la CAM. El análisis los llevó a la conclusión de que era posible rentabilizar la operación con unos determinados parámetros. Partiendo de esa premisa, el banco elaboró un modelo sostenible en liquidez, capital y morosidad para CAM. Un domingo por la tarde se lo presentaron al presidente Oliu en su casa. En la reunión estaban presentes el consejero delegado Jaume Guardiola, el interventor José Luis Negro, el director general financiero Tomàs Varela y su adjunto Albert Coll. El presidente escuchó atentamente.

En medio de ese paroxismo, Miguel Ángel Fernández Ordóñez hizo una declaración totalmente inusual en un gobernador del Banco de España en plena subasta. Hablando de la situación de las cajas de ahorros se refirió a CAM como «lo peor de lo peor». Semejante descripción asustó aún más a todos los que estaban estudiando su balance. En el sector se hablaba de que podría haber un plante de la banca para forzar la concesión de una mayor cobertura pública.

Para entonces, Oliu ya estaba mascullando que quizá esa operación les podía salvar la vida porque convertiría al Sabadell en una entidad sistémica (demasiado grande para caer). Además, se podría beneficiar de unas plusvalías contables elevadas porque la absorción generaría un fondo de comercio negativo. En caso contrario, corría el serio riesgo de quedarse en el limbo, con la cotización por los suelos, y acabar cayendo en las redes de otra entidad. El banco catalán acababa de perder la subasta de Caja-Sur frente a Kutxabank y el Pastor había preferido caer en manos del Popular. Tocaba mover ficha, pero sin cometer locuras. Alicante había sido una zona especialmente castigada por el paro, el pinchazo de la burbuja inmobiliaria y la crisis.

El Sabadell formuló una oferta en la que no solo no pagaba nada por CAM, sino que pedía 6.200 millones de dinero público a cambio de quedársela por 1 euro. Según sus cálculos, esta era la pérdida esperada de CAM. El banco también tenía su propia morosidad inmobiliaria y necesitaba seguir elevando significativamente sus provisiones. No podía pasar de ahí porque ponía en riesgo su balance. Los directivos catalanes estaban convencidos de que no pasarían el corte. Por eso, cuando la prensa publicó que Sabadell era el único que había pujado por CAM les asaltaron todas las dudas de si era una operación buena bajo los parámetros que habían marcado o los podía hundir. Cuarenta y ocho horas después recibieron una enigmática llamada que confirmó esa sensación desde el Banco de España: «Estáis pidiendo demasiado». Obviamente, el Sabadell no se movió de sus posiciones.

Ya no había vuelta atrás. Los días anteriores, los financieros del Sabadell habían estado perfilando la oferta, negociando modificaciones y añadidos al EPA, esa póliza de seguro que cubría los créditos malos de CAM. El interlocutor era la oficina de Londres del banco de inversión Bank of America Merrill Lynch. El FROB iba aceptando muchos de esos cambios. En esa negociación se aseguraron, por ejemplo, de que el EPA incluyera una cartera de pisos valorados en 700 millones que nunca se

venderían porque no se iban a construir los ramales de la auto-
pista que permitían el acceso por carretera.

Pero la gran sorpresa estaba por venir. La copia del documento final llegó al Sabadell con una nota en primera página que
decía: «En lo sucesivo, donde antes ponía FROB ahora debe
poner FGD». Es decir, quien iba a cubrir el agujero de CAM no
iba a ser el Estado, sino la banca a través del Fondo de Garantía
de Depósitos.

La noticia cayó como una bomba en el sector. Esa modifi-
cación fue la última medida tomada por la ministra socialista
Elena Salgado antes de que formara gobierno el Partido Popular, que acababa de ganar las elecciones y ya estaba encima
de los temas de gran calado. De esta manera se quería evitar
su impacto en el déficit público. Sin embargo, Bruselas acabó
determinando meses después que el dinero del FGD también
era ayuda pública y, por tanto, las pérdidas irrecuperables de
CAM computarían como tal. Por eso el entonces ministro Luis
de Guindos vio siempre con malos ojos esta operación.

La deliberación del FROB, el organismo estatal organizador
de la subasta, duró trece interminables días. Hubiera podido de-
clararla desierta, aunque esa decisión hubiera transmitido un
mensaje muy negativo al mercado en un momento en el que
ya se especulaba con un posible rescate europeo de la economía
española.

La adjudicación de CAM al Sabadell se hizo pública en
pleno puente de la Constitución. La noticia pilló fuera de
los cuarteles generales a muchos directivos del banco. Uno
estaba en Sevilla, otro en Estambul... El propio presidente estaba volviendo de Miami, donde había estado celebrando el
cumpleaños de su hijo mayor. Estaba exultante, como cuando
anunció ocho años atrás la compra del Atlántico. Esta adquisición era igual de grande y de compleja, pero su experiencia

en integraciones, mucho mayor. Además tenía una connotación especial. Era la primera vez en España que un banco compraba una caja de ahorros. Para ser rigurosos, lo que estaba comprando era Banco CAM. Es decir, quedaba fuera la obra social de la caja de ahorros.

Gracias a la adquisición Sabadell se colocaba quinto en el *ranking* español por delante del Popular, una de las viejas obsesiones de Oliu. De golpe multiplicaba por dos su balance, duplicaba su base de clientes y se colocaba como el banco dominante en todo el arco mediterráneo, con cuotas de mercado que rozaban el 50 por ciento en Alicante y Murcia. Además, la transacción equilibraba la cartera del Sabadell, elevando sensiblemente el volumen procedente de clientes particulares. De esta manera se reducía el peso de las pymes, su histórico granero de negocio. Apenas había solapamiento entre las dos redes comerciales —sobraban unas trescientas sucursales— y los ahorros de costes se cifraron en 247 millones de euros. El banco pasaba a tener más oficinas en Levante que en todo el territorio catalán.

Toda la banca se les echó encima cuando fue de dominio público que el sector sería el encargado de sufragar el mayor rescate bancario de la historia en España. De haber sabido que les costaría dinero de todas formas, argumentaba algún competidor, también hubieran pujado por la entidad.

El agujero de CAM se había comido los recursos propios. Se decidió hacer una «operación acordeón»: el capital se bajó a cero y acto seguido se realizó una ampliación de capital de 5.249 millones, que suscribió íntegramente el FGD. A continuación, se lo traspasó al Sabadell por el precio simbólico de 1 euro. El EPA estatal cubría la mencionada cartera problemática de 24.644 millones. Ernst & Young estimó las pérdidas potenciales de dicha cartera en 5.500 millones (acabaron superando los 7.000 millones), aunque CAM tenía un colchón de provisiones que cubría más de la mitad. El FGD sufragaría el 80 por ciento y el Sabadell, el otro 20 por ciento.

La milmillonaria transferencia del FGD se hizo en dos tiempos. Fue un envío directo dirigido a una cuenta de la oficina central del banco, situada en la *plaça* Sant Roc de Sabadell. Un grupo de ocho personas se arremolinaron en torno a la pantalla del ordenador esperando el instante en el que entrara el apunte contable. Fue una de las imágenes más emocionantes de un momento histórico para la entidad vallesana.

Los analistas alabaron la milimétricamente calculada operación del Sabadell. Josep Oliu y sus hombres supieron neutralizar muy bien todos los focos de peligro y definir unas premisas financieras que compensaban holgadamente el riesgo de la adquisición sin cruzar ninguna línea roja. Hicieron la prueba del algodón veinte veces, analizaron las posibles contingencias y tejieron las correspondientes redes de seguridad. El banquero catalán sabía que estaba comprando por 1 euro una entidad con unos recursos propios de 3.500 millones y que eso generaba automáticamente un fondo de comercio negativo que se traduciría en plusvalías contables en la cuenta de resultados.

La operación CAM demostró la sagacidad de Oliu sobre un tablero de ajedrez. Sabía dónde quería llegar y buscó la mejor manera para lograrlo. Pidió mucho dinero público, aun a riesgo de perder la puja, y duplicó el tamaño de su banco sin poner en peligro ni un euro de su balance. Fue una mezcla de buen análisis, intuición y un punto de audacia.

CAM fue un hito importante en un intenso bucle de crecimiento impulsado por el presidente quince años atrás. Esta adquisición convirtió al Sabadell en el banco líder en Alicante. La cara B fue que tardó años en drenar del balance la elevada bolsa de inmuebles adjudicados procedente de créditos impagados de promotores.

La compra, además, no fue ningún regalo. Oliu se hacía cargo de una entidad muy grande a la que había que darle la vuelta tras practicarle un buen lavado de estómago. Todo eso costaba dinero e implicaba esfuerzo. Según Jaume Guardiola, su digestión hubiera podido provocar una sobredosis en el Sabadell.

CAM ejemplificaba los desmanes políticos y tejemanejes de la época de la burbuja y del dinero barato. Por dar una medida de su situación, la entidad había multiplicado por dos el crédito concedido a promotores entre 2003 y 2005. Su director general, Roberto López Abad, metió la entidad en todos los charcos inmobiliarios: Polaris, Martinsa, Nozar, incluso el proyecto del Pocero en Seseña.

Sus tentáculos llegaron a México, donde CAM tenía unos terrenos en la Baja California en los que soñaba construir un gran complejo turístico. Participaba en más de sesenta promotoras, en solitario o con socios, como Villar Mir, FCC, Matutes, Lladró, Construcciones Ballester y Ros Casares. Todas estaban bajo el paraguas de la sociedad TPI, que pagaba una remuneración anual de 300.000 euros al presidente de CAM, Modesto Crespo, que no tenía sueldo oficial porque en teoría su cargo no era ejecutivo. La entidad, gestionada a su libre albedrío por una cúpula movida por la avaricia, se convirtió en un instrumento político en manos de Francisco Camps. Acompañó a la Generalidad Valenciana en muchas de sus aventuras magnas, como la Ciudad de las Artes y las Ciencias, la Ciudad de la Luz y el ruinoso parque Terra Mítica.

Modesto Crespo accedió a la presidencia de la CAM con el apoyo explícito de Francisco Camps. En aquel momento era el propietario del concesionario de la marca Ford en Elche. Cuando fue destituido, su patrimonio había engordado hasta los 5 millones de euros, según trascendió de la investigación de la Audiencia Nacional.

«La falta de profesionalidad quedaba demostrada en la composición de la Comisión de Control de la CAM, que debía supervisar al Consejo, y que estaba integrada por profesoras de baile clásico, auxiliares de enfermería que habían sido cajeras y trabajadoras de Kodak, así como empresarios turroneros», según la elocuente radiografía de la situación que hace la periodista Gemma Martínez en su libro *Saqueo* (Conecta, Barcelona, 2013). Los representantes de los clientes en la asamblea se elegían por sorteo. Sin embargo, *Saqueo* desvela que, cuando los gestores de la caja querían elegir a una persona determinada, aconsejaban a los ganadores que renunciaran o realizaban sorteos adicionales. La falta de límites al poder absolutista que ejercía el director general era evidente. Los consejeros se beneficiaban de préstamos en condiciones muy favorables. El diario *El País* publicó que se autoconcedieron 161 millones en créditos entre 2004 y 2010, algunos al 0 por ciento de interés, presuntamente con el visto bueno de Camps.

En plena fiesta del crédito barato, la cifra de provisiones para proteger el balance de la CAM iba encogiendo en lugar de ir aumentando. Llegó a tener una morosidad en su negocio inmobiliario del 49 por ciento. Cuando el nuevo Consejo nombrado por el Banco de España reformuló las cuentas de 2011, se encontró con unas pérdidas de 2.713 millones de euros. La entidad había estado declarando beneficios hasta entonces.

El Banco de España, que permitió toda esta locura, intervino la entidad en el verano de 2011, destituyó a la cúpula y abrió un expediente disciplinario a los gestores y administradores. El director general, Roberto López Abad, se había acogido meses atrás al Expediente de Regulación de Empleo (ERE) presentado por la entidad, asegurándose una pensión millonaria. Igualmente escandaloso fue el paquete económico que pactó con el presidente y a espaldas de los órganos de control su sucesora, María Dolores Amorós. Le reconocía una pensión vitalicia anual de 369.497 euros y una nómina como directora general de 593.040 euros.

Los financieros del Sabadell se toparon con más miserias una vez integrado Banco CAM en su balance. Para empezar, tuvieron que liquidar una financiera de consumo que tenía constituida en México y solucionar el problema detectado en unos *unit linked* (seguros ligados a fondos de inversión) que estaban vinculados a ella y que tenían garantía de Banco CAM. Vieron que no estaba correctamente provisionada la ruptura de la alianza que tenía con la aseguradora Aegon. Además, las pérdidas de la oficina de CAM en Miami eran mayores de lo que pensaban. Y, para colmo, la mala suerte quiso que la suspensión de pagos de Pescanova tuviera a CAM como principal banco acreedor.

Este rescate dejó tiritando los fondos del FGD. En cuanto a la cartera protegida de activos problemáticos, la derrama superó los 7.300 millones. En todo caso, el coste de liquidar la entidad hubiera sido mucho mayor: entre 16.500 y 19.500 millones de euros. La Comisión Europea tardó seis meses en dar el visto bueno a la adjudicación, que al Sabadell se le hicieron larguísimos.

El beneficio clave de esta adquisición fue el tratamiento contable especial de los 3.500 millones del fondo de comercio negativo generado por la operación. Gracias a eso, el Sabadell se anotó unas plusvalías contables de 933,3 millones en las cuentas de 2012 que le permitieron esquivar las pérdidas. El resto lo destinó a cubrir tres cuartas partes de las provisiones extraordinarias exigidas por el ministro Luis de Guindos. Además, ese colchón lo ayudó a superar el test de estrés realizado por la consultora Oliver Wyman. Los analistas están convencidos de que la compra de CAM fue decisiva para salvar la entidad de una situación comprometida por culpa de la crisis.

El Sabadell aprovechó para crear su propio banco malo, con lo que se adelantaba al resto del sector. El banco catalán se superó a sí mismo y consiguió integrar Banco CAM en siete meses. El éxito del proceso fue mérito de Miquel Montes, ya jubilado, la persona que lideró la operación desde Alicante. Aprendió todo lo que sabe de integraciones junto a Juan María Nin.

El banco desplazó a un pelotón de cuatrocientos empleados al territorio CAM para elevar las revoluciones de la maquinaria comercial nada más cerrarse la operación. Y para bancarizar la cultura de una caja de ahorros casi centenaria. Los ahorros de costes se alcanzaron más rápidamente de lo previsto. Sin embargo, al grupo Sabadell le costó recuperar los ratios financieros que tenía antes de la adquisición. El banco admite que los 20.000 millones de euros en hipotecas que heredaron de CAM fueron un lastre pesado.

La manera de ganar dinero con estos nuevos clientes fue siendo capaces de venderles más productos financieros. La CAM funcionaba como un estanco, según la metáfora utilizada en una ocasión por Oliu. Vendía productos, pero sin hacer ningún esfuerzo comercial. En comisiones por cliente, el banco catalán ingresaba cuatro veces más.

Bruselas obligó al comprador a ajustar la plantilla. El Sabadell hizo un ERE que afectó a 1.250 personas que se ejecutó mediante prejubilaciones, bajas incentivadas, traslados y suspensiones temporales de empleo. Se pagaron treinta y cinco días por año trabajado, más una prima de 10.000 euros para los empleados con salarios anuales inferiores a los 30.000 euros y de 15.000 euros para aquellos que superaban dicho umbral.

Nada más llegar a la CAM, el Sabadell paralizó todos los desahucios de clientes.

Los directivos de la CAM acabaron sentados en el banquillo y la Audiencia Nacional los condenó penalmente. Sin embargo, años después, en 2019, fueron absueltos por el Tribunal Supremo de haber falseado las cuentas por no haber quedado acreditada una alteración consciente de la imagen fiel. De todos los directivos de cajas de ahorros rescatadas por el Estado, solo han pisado la cárcel altos ejecutivos de Caja Madrid y de las cajas gallegas.

13

EL CLUB DE LOS «MINNESOTOS»

Josep Oliu formó parte de aquellas primerísimas generaciones de economistas españoles que se doctoraron en Estados Unidos. Fue en los años setenta. En concreto, es del grupo de los «minnesotos». Por esa universidad han pasado después multitud de personas muy influyentes. Entre ellas, Soledad Núñez, actual subgobernadora del Banco de España, y su marido Javier Vallés, que dirigió la Oficina Económica de Moncloa en tiempos de José Luis Rodríguez Zapatero.

En aquella época conoció a su gran amigo y referente Andreu Mas-Colell, uno de los investigadores españoles con mayor reputación internacional y de los más influyentes en su campo, la microeconomía.

Este catedrático de Harvard es coautor del manual más conocido de teoría microeconómica moderna. Ha dado clase o escrito artículos de investigación con algunos premios nobel, como Philippe Aghion y Abhijit Banerjee. Ha recibido numerosos galardones, como el Premio Rey Juan Carlos de Economía (1998) o la Creu de Sant Jordi (2006). Algunos no le perdonan su implicación política. Fue *conseller* de Economía con Artur Mas en el Ejecutivo que organizó la consulta del 9-N en el 2014.

Por eso sorprendió en algunos círculos que fuera uno de los tres sabios elegidos hace unos meses para seleccionar al nuevo responsable del Servicio de Estudios del Banco de España, el más importante del país.

Fue Mas-Colell quien movió hilos para que Oliu fuera aceptado en la Universidad de Minnesota tras acabar la carrera en Barcelona con sobresaliente y premio extraordinario en la promoción 1970-1971.

El veterano profesor siempre ha respaldado a quienes intentaban estudiar entonces en Estados Unidos. Un entonces veinteañero Oliu lo había estado ayudando muy poco antes desde Barcelona con la traducción al castellano de *The Theory of Value*, escrito por Gérard Debreu.

Para aquella generación de economistas, la máxima reputación académica era hacer un doctorado en Estados Unidos. Sin embargo, la admisión era tremendamente complicada porque se basaba en la recomendación personal y los españoles que lo habían conseguido eran habas contadas. Pocos, muy pocos daban ese paso. Por dinero, pero no solo; también por ignorancia de las escasas becas disponibles.

En un principio, Oliu no barajaba Minnesota para seguir estudiando. En aquella época, la mayoría de los pocos afortunados que estudiaban fuera de España elegían sitios más cercanos, como la London School of Economics, aunque la realidad es que esos posgrados estaban un poco masificados porque admitían a demasiada gente. Ese fue el sitio elegido, por ejemplo, por su buen amigo Narcís Serra, que es unos años mayor.

El gran humanista José Luis Sampedro, para quien Oliu empezó a trabajar como ayudante en la entonces recién creada Universidad Autónoma de Barcelona, le había conseguido la admisión en la Universidad de Oxford con una beca de la Fundación Banco Urquijo gracias a las buenas referencias que dio de él. Su primera idea era trasladarse allí, hasta que supo de la existencia de las becas Andreas. Las concedía el Banco de España y permitían estudiar en la Universidad de Minnesota. Allí le acabaron dando clase cuatro premios nobel. Uno de ellos, el carismático Leo Hurwicz, dirigió su tesis doctoral. Y una década después, la de Miguel Sebastián, exministro de Industria y Energía con José Luis Rodríguez Zapatero.

Luis Ángel Rojo, uno de los grandes gobernadores que ha tenido el Banco de España en toda su historia, fue el conseguidor que permitió que un buen puñado de economistas brillantes iniciara un paseo por las fronteras del conocimiento al otro lado del Atlántico. Escapaban así de la España gris del tardofranquismo tras unos años muy convulsos de agitación estudiantil.

Después de tanta lucha por la democracia, el cuerpo pedía calma a aquellos que querían profundizar en su formación, olvidándose un poco de otros lemas, y labrarse una carrera académica. Rojo era en aquellos años una institución como catedrático de Teoría Económica en la Universidad Complutense de Madrid, donde revolucionó y modernizó los estudios de Economía y, posteriormente, como director general de Estudios del Banco de España.

Gracias a una carambola del destino, el profesor Rojo consiguió las becas Andreas, que durante años han llevado a decenas de estudiantes hasta aquel lejano estado norteamericano lindante con Canadá.

Dwayne Andreas era el principal exportador de grano de soja de Estados Unidos. A finales de los años sesenta llegó a España con la intención de vender aquí su producción. Las cuotas a la exportación que había entonces se lo impedían. Su interés llegó a oídos de Manuel Varela y de Luis Ángel Rojo, los padres del plan de estabilización. Ambos demostraron una gran amplitud

de miras y, simplificando mucho y sin entrar en detalles menores, le arreglaron el problema.

—¿Puedo hacer algo a cambio? —preguntó Andreas.

—¿Qué le parece becar a estudiantes españoles para que pro-
sigan sus estudios de Economía en Estados Unidos?

Como el rey de la soja era originario de Minnesota, la universidad del estado fue la elegida. Los primeros en beneficiarse
de estas becas fueron tres estudiantes catalanes: Andreu Mas-
Colell, Antoni Bosch-Domènech, profesor emérito de Economía de la Universidad Pompeu Fabra, y Joaquim Silvestre,
que dirigió muchos años el Departamento de Economía de la
Autónoma de Barcelona y es profesor emérito en la UC Davis
de California.

En aquella época, Minnesota no tenía (ni la ha tenido nunca)
la reputación de Harvard ni la del MIT, pero su Departamento
de Economía Matemática siempre ha estado entre los diez primeros de Estados Unidos. Dio un salto brutal con el keynesiano
Walter Heller, que durante una época fue asesor económico del
presidente John F. Kennedy. Cuando Heller tuvo influencia, la
universidad empezó a contratar eminencias, como Leo Hurwicz
(Nobel en Economía en 2007), un hombre que ejerció una poderosa influencia sobre Oliu como padre intelectual.

«Yo estaba terminando mi doctorado en Minnesota. Era
agosto de 1972 y me encontraba preparando la mudanza para
hacer un *postdoc* [investigación posdoctoral] en la Universidad
de Berkeley, en la costa oeste de Estados Unidos, cuando llegó
Pep Oliu», recuerda Andreu Mas-Colell en la biografía sobre el
banquero publicada por esta editorial en 2014.

Llegaba desde la España franquista para apurar los últimos
momentos del cálido verano en los lagos, dejarlo situado y, después, que pagara la novatada acompañándolo en su largo viaje
a California.

Iniciaron juntos la aventura por el asfalto en un coche que era de cuarta o quinta mano. «Mis enseres eran una montaña de libros, que iban en la parte de atrás amontonados, y un par de maletas», afirma. Emprendieron rumbo hacia un destino enormemente sugerente, la bahía de San Francisco. «Todavía recuerdo dónde paramos a dormir. La primera noche en Laramie, en el estado de Wyoming. La segunda en Salt Lake City, la tercera en Reno y al cuarto día llegamos a nuestro destino. Hicimos unas cuantas subidas y bajadas por las colinas de San Francisco. Creo que una rueda del coche reventó en alguna de ellas», recuerda.

Las 1.968 millas fueron una aventura iniciática muy similar a recorrer la mítica Ruta 66, la antigua red de carreteras federales que unía Chicago y California.

A Mas-Colell no le gusta demasiado conducir, así que a Oliu le tocó darle el relevo a menudo. Acabaron el viaje destrozados, pero entre ellos se fraguó una amistad profunda y llena de respeto intelectual que sigue viva cincuenta años después. Al llegar a Berkeley se instalaron en un pequeño hotel. Oliu se quedó unos días disfrutando de la ciudad californiana antes de empezar el doctorado en Minnesota, un trabajo académico mucho más absorbente de lo que se podía llegar a imaginar.

El joven Oliu pronto se dio cuenta de que en Estados Unidos la cosa no iba de acumulación de conocimiento como en España. Los profesores provocaban continuamente al alumno con preguntas imposibles que los obligaban a llevar al límite su capacidad de razonamiento. Al principio ese sobreesfuerzo les costaba mucho, pero una vez hecho el clic se llevaba algo mejor. «Estudiábamos día y noche. Nos apretaban mucho y la exigencia era máxima. Yo había sido premio extraordinario de mi promoción, pero al llegar allí la chulería se me pasó al minuto uno», recuerda Xavier Calsamiglia, profesor emérito de la Universidad Pompeu Fabra.

Oliu también llegaba con esa pátina de alumno brillante, y su debut en Minnesota fue igualmente atropellado porque lo tumbaron en un parcial de Macroeconomía. Eso hirió su orgullo. En cada promoción eran unos treinta alumnos. Los había americanos, y también japoneses, tunecinos, franceses, turcos... Entre ellos, Lars Hansen, quien en 2013 ganó el Nobel de Economía, que no era de su promoción, pero compartió con Oliu clase de Economía Matemática en su segundo año.

La única chica de su curso era la cordobesa Paulina Beato, que llegó a Minneapolis después de licenciarse en la Complutense de Madrid. Eligió Minnesota porque la admitieron tanto a ella como a su marido, Julio Viñuela, técnico comercial y economista del Estado. Ellos fueron con una beca March y, cuando se les acabó, consiguieron la beca Andreas. Paulina, una chica delgadita, chisposa y vital, iba a convertirse en la gran confidente de Oliu, su fiel amiga y una de las personas con más ascendencia sobre él a lo largo de toda su vida.

Todos los españoles rápidamente hicieron piña. Paulina y Oliu compartían despacho con Albert Ballesteros, que era de la misma promoción de Mas-Colell. También estaba en el campus Carlos Escribano. A su vuelta de Estados Unidos, Escribano fue un legendario y muy querido profesor en la Complutense y en la Universidad Carlos III. Murió de un infarto a los cuarenta y nueve años.

Oliu se manejaba bastante mejor que Paulina en inglés gracias a unas prácticas de verano que había hecho en Londres para un banco suizo. Por las mañanas era becario y por las tardes iba a una academia para perfeccionar el idioma. Sus dos años en Esade también lo ayudaron en este sentido. En su caso, el idioma nunca fue una barrera. Su inteligencia enseguida llamó la atención de Paulina: «Cuando trabajas con lógica matemática, lo haces en varias dimensiones. Yo nunca llegaba a ver la abstracción, pero él sí. Además, tiene la capacidad de bajarla a la vida real para resolver los problemas que a menudo se nos plantean. Eso le da una ventaja competitiva muy grande».

Ambos sintieron el aliento y la presión en el cogote nada más arrancar el curso. «Nuestro nivel de partida no era bajo, pero no estábamos acostumbrados a un esfuerzo tan alto y continuado. El régimen de trabajo era de una intensidad muy fuerte», explica Paulina.

La contrapartida a esa lucha diaria era que sus mentores eran auténticas eminencias. El primer año les dieron clase tres maestros que hoy son premios nobel: el profesor de Economía Matemática Leonid Hurwicz; Thomas Sargent, que les enseñó la base de la Macroeconomía, y Christopher Sims, su profesor de Econometría. La concentración de talento era bárbara. A esa lista hay que sumar al premio nobel Robert Shiller, que les enseñó Teoría Monetaria y que compartió premio con Lars Hansen.

Por su fuerte personalidad, por ser el más veterano y por su enorme carisma, Leo Hurwicz destacaba por encima de los demás. Era un ruso nacido en 1917, a las puertas del triunfo bolchevique. De origen judío, fue criado en Polonia y allí se licenció en Derecho. En Londres empezó a hacer cursos de Estadística y Matemáticas y, cuando empezaron los problemas con Hitler, se movió entre Ginebra y Lausana. Emigró a Estados Unidos a través de España en 1940. Sus padres, también judíos, corrieron peor suerte y acabaron en un campo de concentración nazi.

En los sesenta Hurwicz era la figura sénior dominante en el Departamento de Economía de Minnesota. Normalmente, la etapa más productiva de un investigador se alcanza entre los treinta y los cuarenta y cinco años, pero en su caso fue a partir de los cincuenta, coincidiendo con sus años en esta universidad.

La Academia Sueca le concedió el Nobel a los noventa años de edad. Murió un año después. Se lo dieron por mirar la economía como un proceso de decisión en el que intervienen muchos agentes que hay que coordinar a través de mecanismos, como los mercados o el intervencionismo público. Y por la aplicación de la teoría de juegos al estudio de los incentivos. Hay que recordar que, en aquel entonces, el clima intelectual era de un intenso debate sobre el grado óptimo de planificación. Su gran contribución fue el desarrollo de un armazón teórico muy potente para analizar decisiones que se pueden aplicar a cualquier fenómeno económico de la vida real.

Paulina, Oliu y Escribano tuvieron la suerte de que les dirigiera la tesis, porque el profesor no elegía a cualquiera. Andreu Mas-Colell no fue tan afortunado por una cuestión de calendario. En su segundo año, Hurwicz se iba un par de años a Harvard como profesor visitante. En cuanto lo supo, Mas-Colell cambió su plan de estudios y se coló en los cursos avanzados que impartía a un grupo selecto. De hecho, su primera investigación no publicada sobre estabilidad de mecanismos fue fruto de esa interacción.

Además de una cabeza excepcional, Hurwicz era todo un personaje. «Tenía un carácter muy fuerte, pero a la vez era alguien muy accesible. Todo el mundo lo adoraba. Siempre estaba pendiente de que en el departamento las cosas funcionaran correctamente. Políticamente estaba muy comprometido y en cuanto empezó a tener un buen salario lo destinó a ayudar a la gente que intentaba huir de los países comunistas», recuerda Xavier Calsamiglia. No se perdía ninguna de las fiestas que organizaban los estudiantes españoles en el campus.

Esther Silberstein fue colega de trabajo de Hurwicz durante el curso 1974-1975. Se trataba de una chica chilena, doctora en Matemáticas por Berkeley. Allí se había enamorado de un catalán recién llegado que resultó ser Andreu Mas-Colell. Procedía del lugar donde se respiraba el espíritu más libre de la universidad americana y el movimiento *hippie* más auténtico. Allí nacieron el movimiento de protesta, la campaña contra la guerra de Vietnam y las reivindicaciones de los derechos civiles para acabar con la segregación. A Esther le ofrecieron un contrato en Minnesota por un año y decidió pedir la excedencia y cambiar el suave clima californiano por la gélida Minnesota, donde en invierno se llegaban a alcanzar los 20 grados bajo cero.

Mas-Colell, que entonces lucía greñas y ya llevaba su característico bigote, llamó a Oliu para avisarlo de la llegada de Esther, que enseguida se metió a todo el grupo en el bolsillo. Vivía con ellos en un complejo de apartamentos mucho más barato de la oferta que había dentro del campus. Esther impartía clases de Álgebra Lineal. En su tiempo libre el grupo iba al teatro, al cine, a ver exposiciones, a conciertos...

Cuando el dinero lo permitía, Mas-Colell iba a Minneapolis a visitar a Esther. Antoni Bosch-Domènech también se dejaba caer de vez en cuando desde la Universidad de Ontario para acabar la tesis. Oliu y el resto del grupo devolvieron sus visitas a California y Canadá.

Los padres de Oliu, Joan e Isidra, visitaron Berkeley en uno de sus viajes a Estados Unidos junto a su hija Conxa. En aquellos años, las consecuencias de la crisis del petróleo estaban hundiendo aquellos bancos que habían invertido en el sector industrial. El padre de Oliu, máximo ejecutivo de Banco de Sabadell, se jactó de que la entidad no se había visto afectada mientras comían en un restaurante. El banco había tenido una muy mala experiencia en Argentina tiempo atrás que casi se lo lleva por delante y nunca más tuvo participaciones empresariales.

Mas-Colell y Esther jamás pensaron que Oliu acabaría trabajando en el banco de su padre. No se lo oyeron mencionar durante su larga etapa americana, ni siquiera como una posibilidad. Oliu quiso trazar su propia trayectoria, yéndose a Estados Unidos a hacer un doctorado y sacándose una cátedra después. En aquella época, su duda era más bien si seguía haciendo carrera universitaria, como su amigo Antoni Bosch-Domènech, o bien probaba suerte en el mundo de la empresa.

¿Podía haber sido un buen banquero sin necesidad de estudiar en Estados Unidos? Posiblemente. Pero la formación americana le dio una base intelectual muy sólida y moderna, en este caso en Economía, y también lo situó en el mundo, una combinación de la que pocos podían presumir en aquella época. «En el momento en el que entró en el Sabadell, Pep tenía una personalidad propia, una trayectoria totalmente autónoma e instalada en el contexto internacional, y eso al banco le vino muy bien», señala Mas-Colell. Oliu adquirió una seguridad en sí mismo desde muy joven que ha hecho que no se sienta intimidado delante de casi nadie.

Dicho esto, no deja de ser curioso que un banquero de éxito como Oliu haya tenido como mentor a Leo Hurwicz, la persona que ha hecho lo más abstracto que hemos visto en Economía en los últimos cincuenta años.

Lo que iba buscando Oliu en aquella época era sobre todo convivir con la élite académica y luego ya decidiría a qué iba a dedicar su vida. Un doctorado en Estados Unidos era un trampolín para saltar en cualquier dirección: el Fondo Monetario Internacional (FMI), el Banco Mundial, hacer carrera universitaria, trabajar en la Administración... Eran muy pocos y estaban muy buscados.

La amistad entre Mas-Colell y Pep fue creciendo con los años a pesar de la distancia: el primero estuvo viviendo veintiocho años en Estados Unidos, pero se veían en vacaciones y el contacto ha sido constante. Se tienen un respeto intelectual muy grande. Cuando Mas-Colell era *conseller* de la Generalitat y Oliu ya era presidente del Sabadell, le pedía opinión en algunos temas. Los dos son personas cultas y muchas veces se encuentran en el Liceo de Barcelona escuchando ópera, una de sus pasiones comunes. Se trata del hombre intelectualmente más influyente en su vida, fuera del entorno familiar, aunque durante una época también lo fue mucho el economista Alfredo Pastor, profesor del IESE, con el que coincidió en los años ochenta en el INI en Madrid y que también estudió en Estados Unidos. En su caso, en el MIT de Boston.

Oliu y sus amigos españoles mantuvieron muy vivo su compromiso político en Estados Unidos. Eran los años de los movimientos pacifistas contra la guerra de Vietnam, aunque en Minnesota el grado de activismo no era tan intenso como en California. Participaron en varias manifestaciones. Bob Dylan, uno de los emblemas de la canción protesta en aquel tiempo, era precisamente de Minnesota. Su álbum *Blood on the Tracks* está grabado en los Sound 80 Studios de Minneapolis. Entonces era un treintañero y ya había escrito algunos de sus temas más emblemáticos, como *Blowin' in the Wind* y *Don't Think Twice, It's All Right*. El grupo disfrutó de alguno de sus conciertos.

En aquella época casi todos llevaban barba y pelo largo, como el resto de jóvenes del campus. Oliu acostumbraba a vestir camisas estilo leñador y a menudo sostenía un pitillo en la boca, un vicio que adquirió mientras escribía la tesis y que abandonó cuando volvió a Barcelona. Todos estaban absolutamente mimetizados con la moda *hippie*.

También protestaron duramente contra la dictadura de Augusto Pinochet. Había un par de personas que los avisaban de las manifestaciones: Esther, la mujer de Andreu Mas-Colell, y Fernando, el cuñado de Paulina Beato, que fue uno de los que tuvo que escapar de su país. A las manifestaciones de protesta se les solían unir más españoles y veteranos de las Brigadas Internacionales. Por supuesto, también clamaron contra Franco. Organizaron una manifestación en el Consulado de Chicago a la que acudieron muchos españoles que vivían allí.

La muerte del caudillo los pilló en Minnesota. «Cuando estaba en sus últimas horas, todas las cadenas de televisión hablaban de ello, y, cuando murió, nos llamaron desde España y lo celebramos muchísimo. Al rato nos enzarzamos en una discusión sobre si eso provocaría una ruptura o una transición», recuerda Paulina. Trataban de estar lo más conectados posible con la actualidad política. «Por aquel entonces nació *El País* [4 de mayo de 1976] y nos suscribimos. Cuando llegaba, todos nos peleábamos por leerlo».

Oliu destacaba por su irónico sentido del humor. Su inteligencia le permitía hacer comentarios muy incisivos. Siempre estaba de buen talante y era un optimista nato. Constantemente estaba organizando planes lúdicos y excursiones, y en eso no ha cambiado. Iban mucho al Walker Art Center, creado en 1940 como museo de arte moderno. En los años sesenta organizaba exposiciones bastante ambiciosas de expresionismo abstracto, algo que en España era impensable.

También iban con frecuencia al cineclub, que era gratis. Minneapolis es, y ya lo debía de ser entonces, una ciudad con una actividad cultural intensa y un elevado nivel de vida. El grupo viajó todo lo que pudo en sus coches de quinta mano. Fueron a California a ver a Mas-Colell, a Toronto, a Chicago, a Nueva York y a muchos más lugares. Todos los veranos regresaban a España para ver a la familia. Al acabar segundo curso, decidieron hacer una parada en Pamplona para conocer los sanfermines. Los americanos les preguntaban muchas veces por estas famosas fiestas, popularizadas internacionalmente por el escritor Ernest Hemingway. Como no sabían qué responder, se animaron a ir.

En la primavera del tercer año nació Cassandra, la primera hija de Paulina Beato y Julio Viñuela. Vino al mundo en mayo, muy poco tiempo antes de un importante examen que precedía al comienzo de la tesis. «¡Cómo se portó Pep para que yo sacara tiempo para estudiar!», recuerda Paulina. Su marido estuvo siempre al quite, pero Oliu muchas veces se quedaba al cuidado de la pequeña o la sacaba de paseo. Siempre ha sido muy niñero y lo ha demostrado con sus hijos, con quienes ha jugado todo lo que ha podido. El primer regalo que recibió el bebé fue precisamente de los padres de Oliu en una de sus visitas a Estados Unidos.

Paulina fue la primera que leyó su tesis, en octubre de 1976. Su marido decidió acabarla en España y se volvieron a Madrid con su hija. Albert Ballesteros también hizo las maletas. Solo se quedaron Carlos Escribano y Pep Oliu, que quería hacer una cosa muy especial con su tesis. En total, estuvo seis años en Estados Unidos, cuando el promedio era de cuatro, tiempo que aprovechó también para realizar una buena inmersión en el país.

El trabajo de investigación de Oliu versó sobre sistemas óptimos de asignación de recursos en entornos con demandas muy oscilantes. Por ejemplo, la de electricidad. Paulina utilizó mucho sus resultados, sobre todo al principio de su carrera profesional.

Pep desarrolló una teoría sobre la estructura de precios en empresas de servicio público con puntas de demanda. Durante la preparación de su tesis tuvo una crisis existencial. Julio Viñuela, el marido de Paulina, siempre les estaba recalcando lo importante que era ser técnico comercial y economista del Estado, porque después tenías la vida asegurada. Y era verdad. Sacarse una de las oposiciones que daba acceso a la élite de la Administración Pública permitía vivir muy bien trabajando de agregado comercial en cualquier gran ciudad del mundo. «Como se habían convocado ya las oposiciones en Madrid, decidí aparcar la tesis para irme a

Madrid con Paulina y Carlos Ballesteros», relata Oliu. Su padre estaba encantado. Sin embargo, solo estuvo cuatro o cinco meses. Se plantó al tercer año: «Me dije a mí mismo que no sería feliz si no acababa la tesis, porque me sentiría muy frustrado. Y estaba claro que, si me sacaba la oposición, nunca la terminaría. Esa decisión supuso un golpe de timón muy importante en mi vida, pero no me arrepiento nada de haberlo hecho».

Durante esos meses que estuvo en España le había alquilado su habitación en Minnesota a Lynn Barton, una americana bastante *hippie* que estudiaba Antropología y Música al mismo tiempo. Era una chica muy alegre, bajita, atractiva y con una bonita melena rizada. Ella era natural de Minneapolis y su hermano era amigo de los hermanos Coen, los cineastas directores de *Fargo*, que estudiaban también en la universidad. Solía presumir de que el título de la película *Barton Fink* era un guiño a su familia. El padre de los Coen daba clase en la Universidad de Minnesota.

Por aquel entonces, Oliu estaba saliendo con Bobby, una chica neoyorquina mona, simpática y sofisticada que había estudiado Arte. Ella se trasladó por motivos de trabajo a Las Vegas y Oliu iba a visitarla con cierta frecuencia. Lynn y su novio lo acompañaron en una de esas escapadas para pasar el fin de semana todos juntos. A la vuelta de ese viaje ambos rompieron con sus respectivas parejas y empezaron su historia de amor. A Lynn Oliu le parecía un chico simpático, cariñoso e inteligente, y encontraba «muy exótico» que fuera español. Empezaron a salir oficialmente después de una excursión que hicieron al parque natural Saint Croix National Scenic Riverway.

«Hay tres cosas que definen a Pep: la inteligencia, una capacidad de trabajo enorme y las ganas de disfrutar de la vida. Yo creo que con Lynn esa vitalidad la explotaba mucho», dice Paulina.

Su relación con Lynn comenzó cuando Oliu apuraba sus últimos meses en Minnesota. En 1978 leyó la tesis y acabó el doctorado. Tuvo ofertas de varias universidades americanas, como Chicago, pero él quería volver a España. La dictadura de Franco había acabado y había un país que construir. Necesitaba hacer su pequeña contribución. Lynn decidió acompañarlo. Era una americana bastante poco patriota, descreída de su país, crítica con el modelo capitalista y le seducía bastante la idea de vivir en otro lugar. Se lo tomó como una aventura y solo ha vuelto a Estados Unidos de vacaciones. Sigue viviendo en Barcelona.

Para Oliu finalizaba una etapa feliz y provechosa intelectualmente. «Esa formación nos ha ayudado a tener un rigor de pensamiento analítico y crítico muy alto. Allí desarrollamos una agilidad para entender y analizar problemas y plantear soluciones que era muy valorada cuando volvimos a España», explica Teo Millán desde su experiencia vital. Él también trabaja en el sector financiero. Después de su paso por el *broker* Benito y Monjardín, que asesoró la primera compra que hizo el Banco Sabadell, fundó la *boutique* de asesoramiento de fusiones y adquisiciones Socios Financieros. Paulina abunda en lo mismo: «Leo Hurwicz nos ayudó a analizar las decisiones de una manera que después se podía aplicar a cualquier fenómeno de la vida real. Ahí Pep tuvo la mejor escuela».

Todos ellos se convirtieron en miembros del clan que el periodista de *El País* Xavier Vidal-Folch bautizó como los «minnesotos». ¿Se diferenciaban en algo de los que habían pasado por Harvard o el MIT de Boston? Sí, pero la diferencia era muy sutil. «En el contexto americano, en macroeconomía había dos colores. Uno era el prevalente en Minnesota, Chicago y UCLA y se caracterizaba por un gran énfasis racionalista. El otro se asociaba con Harvard, el MIT y Princeton, donde dominaba la corriente pragmática», explica Andreu Mas-Colell. El primer grupo se llamaba *fresh water macroeconomics* porque estaba en una zona de lagos, y el segundo, *salt water macroeconomics* por la proximidad al mar.

Enseguida el término «minnesoto» pasó a convertirse en un nombre genérico que englobaba casi a cualquier economista que hubiera pasado por Estados Unidos. Por ejemplo, a Xavier Vives, que había estudiado en Berkeley, a Alfredo Pastor, que lo había hecho en el MIT, o Isabel Fradera, procedente de Northwestern. En la década siguiente, la de los ochenta, pasaron por Minnesota el exministro de Industria Miguel Sebastián y Teresa García-Milà, directora de la Graduate School of Economics, una escuela de posgrado de excelencia, consejera de Repsol y presidenta del Cercle d'Economia.

Como clan, los «minnesotos» de la promoción de Oliu forjaron una amistad inquebrantable. Cincuenta años después siguen celebrando juntos en España el día de Acción de Gracias muchas veces. Empezó siendo una reunión de unas veinte personas, pero en varias ediciones se han apuntado otros amigos economistas. Por ejemplo, el exgobernador del Banco de España Miguel Ángel Fernández Ordóñez; José Pérez, exdirector general de la Inspección del Banco de España; Javier Ruiz-Castillo, de la Universidad Carlos III; Antoni Zabalza, presidente de Ercros; el catedrático de Berkeley y profesor del IESE Xavier Vives; Joaquim Silvestre, de la UC Davis, y varios más.

Lynn Barton y Josep Oliu vivieron juntos en Barcelona y unos años después también en Madrid. Se separaron a principios de los años noventa, al poco de volver a Barcelona para empezar a trabajar en el Banco Sabadell, el banco que dirigía su padre. Sus dos hijos, Jaume y Miquel tenían entonces doce y diez años, respectivamente. Conservan una buena relación por su gran sentido de la familia.

La última experiencia que compartieron juntos fue la celebración de los Juegos Olímpicos de Barcelona'92. Vivieron muy de cerca los preparativos y el cambio radical de fisonomía de la ciudad, porque su amigo Pasqual Maragall era entonces alcalde y tenían varios conocidos más dentro de la organización, entre ellos, Santiago Roldán, que estaba al frente del *holding* público que gestionaba las obras.

Lynn se ha dedicado toda la vida a la música. Toca la viola en la Orquesta Sinfónica del Vallès.

14

EL JOVEN PROFESOR
Y CATEDRÁTICO

Cuando Oliu llegó con su novia Lynn a Barcelona, se instalaron en un piso pequeñito sin calefacción en Sant Cugat del Vallès, a tiro de piedra de Sabadell y de Barcelona. Era la primera vez que Lynn visitaba España. Lo encontraba todo «muy folclórico», y eso la fascinaba. La Barcelona de entonces todavía no estaba abierta al mar. Tenía toda la riqueza arquitectónica de Gaudí, pero ni un trozo de playa y, por tanto, tampoco turistas. Oliu se había ido de allí al final de la dictadura y volvía con Franco muerto y una democracia que se hacía sitio tímidamente. Ese mismo año se votó la Constitución de 1978 y él regresaba de nuevo a la joven Facultad de Económicas de la Universidad Autónoma de Barcelona.

Volvía a un sitio conocido, pero donde casi nada era igual, empezando por la ubicación. El Departamento de Economía ya no estaba en el barrio chino, sino en el campus de Bellaterra, próximo a Sant Cugat. «La Autónoma de Barcelona era el sitio más natural para todo aquel que volvía de estudiar en Estados Unidos», señala el catedrático Joan Maria Esteban. Esa capacidad de atracción hizo de ella un caso absolutamente singular en el contexto universitario español. «Se convirtió en el lugar con mayor concentración de economistas que habían sacado su doctorado fuera de España», recuerda Xavier Calsamiglia. Eso le daba una pátina especial. En Madrid había algún profesor viajado, pero su influencia quedaba muy difuminada dentro de la estructura descomunal de la Universidad Complutense, más tres o cuatro dispersos en Bilbao y Alicante. En Bellaterra, Oliu se reencontró con su amiga de universidad Maria Antònia Monés, casada con un íntimo amigo de Narcís Serra, que en una primera época compatibilizó este trabajo con sus clases en Cambridge. Por supuesto allí estaban también Calsamiglia y Esteban, más la doctora por Northwestern Isabel Fradera. Joaquim Silvestre, miembro de la primera promoción de catalanes que fue a Minnesota, era el director de orquesta del departamento.

Anteriormente habían pasado por allí Alfredo Pastor, Pasqual Maragall (completó sus estudios en Nueva York) y Narcís Serra, con los que Oliu no coincidió. Maragall y Serra estaban ya en esa época absorbidos por la política. Serra era entonces *conseller* de Política Territorial y Obras Públicas del presidente Josep Tarradellas y en 1979 fue elegido alcalde de Barcelona. Maragall fue uno de los impulsores de Convergència Socialista de Catalunya, uno de los grupos fundacionales del PSC-PSOE. Preparó con su amigo Serra las primeras elecciones democráticas municipales y fue elegido teniente de alcalde.

Oliu empezó a dar clase de Economía y de Econometría, que no era precisamente su especialidad. «Era un chico majísimo y tenía una seriedad y autodisciplina en el trabajo muy alta. Probablemente el que más de todo el departamento. Pep sentía que la responsabilidad de su futuro dependía de él, lo cual era chocante sabiendo quién era su padre. Era lo opuesto a alguien que tiene la vida resuelta», señala Esteban. «Le gustaba enseñar y sus alumnos estaban encantados con él», añade. Uno de ellos fue Xavier Sala i Martín, que guarda «muy buen recuerdo» de sus clases. Curiosamente, durante esos años, Victòria Quintana, su actual mujer, estaba estudiando la carrera en Bellaterra, aunque no le llegó a dar clase. Empezaron a salir en 1994, al poco de conocerse.

«La de Bellaterra fue una época increíble», dice Monés con una sonrisa nostálgica. El ambiente intelectual era elevado, estimulante, y se retroalimentaba constantemente con la gente nueva que iba llegando. Todo ese claustro de treintañeros con pelo largo y barba había mamado la pedagogía americana y estaba deseoso de aplicarla en España. «Todos los que volvimos queríamos hacer la revolución. Promulgábamos que la excelencia científica y la influencia internacional se medían por la capacidad de publicar *papers* [artículos de investigación] en las grandes publicaciones extranjeras», explica Calsamiglia. Esas revistas eran y siguen siendo *Econometrica*, *American Economic Review*, *Journal of Political Economy*, *The Review of Economic Studies*... Ningún catedrático español había firmado jamás en estas influyentes revistas, ni siquiera los profesores Luis Ángel Rojo y Fabián Estapé. En España, la cátedra se utilizaba en muchos casos como trampolín para acumular cargos en un ayuntamiento o en el servicio de estudios de turno. Para los «minnesotos», en cambio, no publicar era sinónimo de ser invisible, porque significaba que nadie ahí fuera conocía su trabajo investigador. Los primeros artículos publicados con filiación de una universidad española, la Autónoma de Barcelona, fueron los de Xavier Calsamiglia y Salvador Barberà.

Lo que hizo Bellaterra por situar la ciencia económica española en el mapa se reprodujo años después en la Universidad Carlos III de Madrid, en la que trabajó casi toda su vida el «minnesoto» Carlos Escribano. Oliu entonces andaba siempre ocupado en varias cosas. Las clases en la universidad solo consumían una parte de su tiempo. Alfredo Pastor, también gran amigo y compañero de promoción de Andreu Mas-Colell, estaba trabajando por entonces en la dirección de Política Económica de la Conselleria de Economía en el gobierno provisional del presidente Tarradellas. Oliu había ido a verlo nada más instalarse en Cataluña para decirle que tenía muchas ganas de trabajar. Pastor decidió reclutarlo para que lo ayudara a redactar estudios sobre la economía catalana. El *conseller* era Juan José Folqui, una persona que guardaba un poco las distancias del Partido Demócrata Popular y que posteriormente alcanzaría cierta notoriedad como abogado de Javier de la Rosa. «Lo relevó nada menos que Eduard Punset, que era atómico», subraya Oliu. El divulgador científico, que contaba con la ventaja de hablar inglés, una rareza entonces en el mundo de la política, se presentó incluso a las elecciones de la Generalitat, pero Jordi Pujol lo barrió.

Bellaterra creó instituciones al estilo anglosajón y una colección de *working papers*, (documentos de trabajo) que se hacían circular entre otras universidades, sobre todo extranjeras. También organizaron un simposio de economía. Sin embargo, la joya de la corona eran unos cursos máster de dos años que montaron para preparar a recién licenciados para hacer su doctorado en Estados Unidos. Cada año escogían a los mejores estudiantes de Economía de la Autónoma y de la Universidad de Barcelona, y alguno más que venía recomendado de centros del resto de España. Eran unos ocho o diez cada curso. Les enseñaban cómo solicitar la admisión a las diferentes universidades americanas, cómo conseguir una beca, y les escribían las cartas de recomendación. Esas becas eran las Andreas, las Fulbright, y en algunos casos procedían de las propias universidades americanas.

Por allí pasaron economistas como Josep Piqué, Antón Costas, Teresa García-Milà, Adolf Todó, Javier Vallés y su mujer Soledad Núñez, actual subgobernadora del Banco de España.

Fuera de la universidad, Josep Oliu y Lynn llevaban una vida bastante relajada. Ella, nada más llegar, se había apuntado a un curso intensivo de castellano en la escuela de negocios Esade, y encontró un ambiente muy cálido en su familia política.

A los pocos meses de llegar a Barcelona, en junio de 1979, se casaron en la finca familiar de Callús, un lugar un poco agreste situado a cinco minutos de Manresa, a unos 60 kilómetros de Barcelona. El matrimonio se fue de luna de miel al Caribe con un billete especial que permitía viajar por quince países distintos. Aprovecharon para hacer una parada en México, donde Pep tenía familia lejana, con la que sigue teniendo relación. Hace muchos años Oliu empezó a montar allí un banco para replicar su exitoso modelo de banca de empresas, pero su tamaño es todavía muy pequeño.

La pareja alquiló un piso en el paseo de Sant Joan, que entonces se llamaba General Mola, hasta que compraron un dúplex con terraza en la calle Balmes, situado en Sant Gervasi, un barrio mucho más acomodado. Lynn montó un programa de inglés para los empleados de la firma de estética y peluquería Colomer, licenciataria en España de los productos de la marca americana Revlon. También trabajaban como profesores su hermano Dan y una prima que en esa época estaban viviendo en Barcelona. Su ambiente de relación social era básicamente universitario, políticos en ejercicio del PSC, como el alcalde Pasqual Maragall, salpicado de gente del mundo artístico, bohemio e ilustrado. Por ejemplo, tenían mucha relación con la directora de cine Isabel Coixet, que entonces trabajaba como publicista y que fue novia algún tiempo del hermano de Lynn.

El matrimonio iba a menudo a Callús para montar a caballo, una de las grandes aficiones que compartían. No tenían un sitio fijo de veraneo, aunque fueron varias veces a Menorca. Les encantaba ir de *camping*, sobre todo a la Cerdanya catalana.

Cuando Oliu dejó su trabajo en la Generalitat, pensó que podía ser un buen momento para hincar los codos y centrar sus esfuerzos en sacarse una cátedra, una de sus ilusiones. En aquella época, las oposiciones se convocaban en Madrid. Un mismo tribunal era el encargado de elegir todas las plazas vacantes de la universidad española, al contrario que ahora. Según varios «minnesotos» de Bellaterra, ellos no tenían ninguna influencia a nivel nacional, incluso se los veía con recelo, y piensan que eso jugó en su contra. Se quejan de que algunos tardaban entre ocho y diez años en conseguir la subida de grado académico. Pero con el tiempo, los economistas de la Autónoma de Barcelona empezaron a ganar oposiciones. Oliu se la sacó de los primeros, en 1982. Le esperaba una plaza a su nombre en la Universidad de Oviedo.

«Un día llegó al departamento un chico llamado Josep Oliu, que había hecho el doctorado en Minnesota. Fue toda una sorpresa para nosotros que alguien así viniera y, además, lo hiciera para quedarse», recuerda Roberto Bruguet. Él era entonces un recién licenciado, como el resto de la veintena escasa que integraban el Departamento de Teoría Económica. El más formado era con diferencia José Miguel Sánchez Molinero, que había estudiado en Estados Unidos, aunque en una universidad poco conocida. La facultad se había creado en 1975 y apenas tenía reputación. Hoy sus áreas más potentes son Economía Laboral y Economía de la Cultura. Oliu se incorporó en el curso 1982-1983.

«En aquella época, tras la toma de posesión, inmediatamente muchos solicitaban la comisión de servicios en otra universidad. Normalmente se los admitía, aunque no hubiera vacantes. De hecho, es lo que hicieron varias personas que se habían sacado esa plaza. Hasta que llegó Oliu», rememora Joaquín Lorences, otro recién licenciado del departamento.

Lo elegante y lo educado era dar clase al menos un curso académico, pero hubo algunos que ni siquiera pisaron la universidad que les había tocado. Oliu, sin embargo, es una persona con sentido del deber: «Oviedo nunca había tenido un catedrático de Teoría Económica, y creí que mi obligación por ética profesional era estar al menos un año. De hecho, me hubiera quedado más tiempo si no hubiera sido por la oferta que recibí en Madrid». Es la sensación que dejó entre sus compañeros de departamento.

Su mujer Lynn se quedó en Barcelona con el pequeño Jaume, nacido en noviembre de 1981. Oliu agrupaba sus clases para no pasar tantos días fuera de casa.

Oliu daba alguna clase de licenciatura, pero sobre todo se volcó en el seminario que montó para los recién licenciados del departamento sobre Regulación. Enseñaba al estilo anglosajón.

«Sabía dulcificar las materias áridas y se le notaba muy seguro de los conocimientos que transmitía, sin darse aires de superioridad y además admitía la crítica. Estaba muy al día y siempre nos presentaba lo último en Economía», explica Lorences.

En lugar de modelos teóricos, Oliu explicaba modelos formalizados, que son los que se usan ahora en la universidad. «Utilizaba el lenguaje matemático para plantear un problema económico. Para responderlo debías tener en cuenta todos los posibles efectos en los agentes económicos para no entrar en razonamientos circulares», explica Bruguet.

El catedrático catalán abrió la biblioteca a las revistas internacionales y cambió el manual de Macroeconomía por el método de Thomas Sargent, uno de los premios nobel que le había dado clase en Minnesota.

Ana Isabel Fernández, consejera de Mapfre y presidenta del Patronato de la Fundación Princesa de Asturias, coincidió con él durante ese curso. Ella era profesora ayudante de Álvaro Cuervo, catedrático de Economía de Empresa y entonces también decano de la facultad. Este departamento tenía mucha mayor reputación que el de Teoría Económica. «Oliu fue quien me enseñó la importancia de hacer una investigación seria y rigurosa y era una persona que siempre estaba disponible», recuerda Fernández.

En el año que estuvo en Asturias se dedicó a convencer a algunos estudiantes de que era posible seguir formándose fuera de España. Roberto Bruguet, a los seis meses de conocerlo, decidió intentarlo: «Debió intuir que yo podía hacer algo más que quedarme en Oviedo y un día me espetó: "¿Por qué no te vas a Estados Unidos a hacer un doctorado?". Yo me quedé estupefacto y le dije que era algo que no podía costearme. Él me habló del programa de Bellaterra y me invitó a ir un par de días con él a Barcelona para conocer el departamento». Bruguet se doctoró cinco años después en la State University of New York.

Oliu no conocía a nadie en Asturias y hacía vida social con otros profesores del departamento. A los más jóvenes les sorprendía que fuera tan próximo. No era lo normal entre los catedráticos. El banquero asegura que fue una de las dos etapas más felices de su vida: «Sentía que había culminado una aspiración personal, que era ser catedrático».

Demostró ser muy generoso. «Nos ayudó en un momento clave. Sabía quién era fuerte en cada disciplina y nos intentaba poner en contacto con ellos. En mi caso, lo hizo con Antoni Zabalza, que era un economista muy reputado en economía laboral que estaba en la London School of Economics», dice Lorences. También fue generoso al irse. Pidió una excedencia especial con renuncia de plaza para que pudieran convocar una oposición y otro catedrático pudiera ocupar su puesto y continuar el trabajo que él había comenzado. Seguía formando parte del cuerpo de catedráticos, pero ya no podía recuperar su lugar en Oviedo.

Sin embargo, le costó romper el cordón umbilical con sus alumnos. Joaquín Lorences fue a verlo alguna vez a Madrid para que le pudiera seguir ayudando con su tesis. Si algo odia este banquero es dejar las cosas a medio hacer y la falta de compromiso. Un verano también fue a verlo a Barcelona un estudiante de doctorado. No tuvo ningún reparo en tumbarle la tesis, según cuentan, con su habitual estilo claro y directo. «Es de las pocas personas que ha dejado huella en esta universidad. Fue una etapa breve pero fecunda. Solo estuvo un curso, pero nos tuteló durante varios años más», asegura Lorences, hoy catedrático. Movió hilos para que por el máster de Análisis Económico que creó en Oviedo pasara gente importante. Por ejemplo, Teresa García-Milà, hoy directora de la Barcelona School of Economics, consejera de Repsol, presidenta del influyente Cercle d'Economia y «exminnesota». También Julio Segura, expresidente de la CNMV. Puso los mimbres para que su impronta fuera perdurable, o al menos lo intentó.

Aunque se haya hecho banquero, Josep Oliu se sigue sintiendo muy próximo al mundo de la cátedra universitaria. Se emocionó mucho cuando su hijo Miquel defendió su tesis doctoral, que desarrollaba un aspecto de la llamada «teoría de juegos» en la Université Pierre et Marie Curie de París. Del mismo modo que el padre de Oliu admiraba a su primogénito, a este le pasa algo muy parecido con su hijo matemático, porque le parece que tiene un talento y una cabeza asombrosos. Habla cinco idiomas y tiene nociones de alemán y ruso. Ese día no podía ni quería disimular su orgullo. En el tribunal de su tesis estaba como invitado el catedrático de Harvard Andreu Mas-Colell, que lo puso en contacto en su momento con el que fue su director de investigación. Precisamente su mujer, Esther Silberstein, fue quien le inculcó al joven Miquel Oliu el amor por las matemáticas en Aula Escola Europea de Barcelona. Siendo solo un muchacho,

Miquel ganó la medalla de oro en la Olimpiada Matemática Española de 2001 y recibió una mención especial en la Olimpiada Internacional, celebrada en Washington. Al año siguiente fue plata en el campeonato iberoamericano. Miquel inició la carrera de Matemáticas en la Universidad de Barcelona y la finalizó en École Normale Supérieure, un centro público de posgrado francés. De sus aulas han salido diez ganadores de la Fields Medal, considerada el Nobel de las matemáticas.

Muchas personas siguen notando en sus maneras a Josep Oliu su poso académico. «Cuando hablas con él, la lógica y el lenguaje que emplea son de profesor. Como banquero, sigue siendo un economista que analiza los problemas racionalmente y en función de eso elige la mejor alternativa, sin apriorismos», explicaba Álvaro Cuervo en la biografía publicada por La Esfera de los Libros. Otro rasgo de su personalidad que emerge cuando está relajado es este: «A veces sorprende con comentarios políticamente poco correctos, que están muy lejos de la prudencia y de los silencios de otros banqueros», añade.

Oliu nunca se ha alejado del todo de su vocación de economista. Ya ejerciendo de banquero en Sabadell fue unos años presidente de Fedea, la Fundación de Estudios de Economía Aplicada, considerado el centro de opinión más solvente del país. Sigue muy de cerca los cambios políticos y, sobre todo, la geopolítica internacional.

En Cataluña, Oliu está considerado un oráculo por su sexto sentido para olfatear los cambios. En 2007 fue el primer banquero que alertó públicamente de que una crisis económica provocada por una crisis financiera global podía ser potencialmente muy peligrosa. Sobre todo en el caso español. No por el pinchazo inmobiliario, sino por la elevada deuda privada y el alto déficit de la balanza por cuenta corriente. Fue consciente de la gravedad de la situación cuando BNP Paribas Investment

Partners anunció el 9 de agosto de 2007 que suspendía el valor liquidativo (es decir, ningún cliente podía pedir el reembolso de su dinero) de tres de sus fondos de inversión por falta de precio y de liquidez.

Después vino la quiebra de Lehman Brothers, el cierre del mercado interbancario al no fiarse unos bancos de otros y la subida alocada de los Credit Default Swaps (CDS) de los bancos españoles, que miden el riesgo de impago. «En 2008 todos veíamos que había una crisis de liquidez, porque los mercados financieros estaban cerrados, pero no pensábamos que iba a acabar desencadenando una crisis de solvencia», comenta un exdirectivo de banca.

«Oliu me advertía: "Hay que replegarse porque esto va a durar mucho" —recuerda su amigo Mario Eskenazi—. En ese momento me ayudó mucho a tomar conciencia de la realidad». «Mario, ten cuidado porque ahora va a bajar mucho el trabajo», le advertía.

En verano de 2007 y adelantándose a lo que estaba por venir, el presidente se dedicó a reescribir el enfoque estratégico del banco. Se imponía un paréntesis en la política de crecimiento para estar en sintonía con unos tiempos en los que la liquidez se había convertido en un bien escaso.

Convocó a sus principales directivos a una reunión de urgencia a finales de agosto de 2007. En ese encuentro se dio un volantazo comercial al banco. «Nos dijo que había que crecer en depósitos en lugar de seguir emitiendo tanto en los mercados, que era lo que estábamos haciendo para financiar el crédito. Empezamos a generar más colaterales [activos de máxima calidad] descontables ante el Banco Central Europeo para obtener liquidez. Entonces teníamos unos 1.200 millones en colaterales y en los momentos más duros hemos llegado a sumar 18.000 millones», recuerda uno de los presentes.

15

SU RELACIÓN CON EL PODER
Y SUS AMIGOS DE LA BURGUESÍA
CATALANA

Su acercamiento más próximo con el poder no tuvo lugar durante sus cuarenta años como banquero, sino en la década de los ochenta, cuando conoció a parte de la plana mayor del PSOE, que entonces acababa de ganar las elecciones. Oliu se había trasladado a Madrid y trabajaba en la alta Administración del Estado.

Paulina Beato, entonces directora de Estudios de aquel hospital de empresas públicas que era el INI, lo llamó, y el presidente del Sabadell se incorporó al organismo en la etapa más dura de la reconversión industrial. Llegó a ser su director de Planificación. Algunos de esa familia socialista forman parte o lo han hecho de su círculo personal, como Luis Carlos Croissier, Joaquín Almunia, Miguel Ángel Fernández Ordóñez, Narcís Serra, Javier Solana, Pasqual Maragall y Carlos Solchaga.

Con este último, Oliu tejió una importante amistad en los años noventa, cuando ya estaba situado en el banco y Solchaga era ministro de Economía. Pero sobre todo después, durante su larga etapa como diputado del Congreso. Siempre que iba a Barcelona solían cenar juntos, en compañía de gente de la órbita del PSOE y del PSC, con o sin carné, como el exsecretario de Estado de Hacienda Antoni Zabalza, hoy presidente de Ercros.

El banquero es de ideología socialdemócrata o demócrata-progresista, según afirman personas que lo conocen muy bien.

«Equilibrar el progreso económico con el bienestar social y el papel del Estado como garante de la igualdad son principios generales que yo creo que él acepta», afirma un exalto cargo del PSOE. Seguramente su condición de banquero ha ido matizando con los años ese talante. Aquí no es tan habitual, pero en los países nórdicos es más sencillo encontrar financieros con un ideario político-económico parecido.

Aunque lo tentaron, Oliu nunca manifestó ninguna intención de meterse en política. Le interesa sobre todo la geopolítica. Sigue de cerca la actualidad internacional y sus implicaciones económicas. Por ejemplo, la guerra arancelaria del presidente norteamericano Donald Trump y sus implicaciones en el comercio mundial. «Ese tipo de debates le apasionan», apuntan sus amigos economistas.

Una característica muy suya es que sabe moverse bien en círculos políticos. Su mayor afinidad siempre ha sido con el PSC. Cuando desapareció Convèrgencia, Oliu se sintió huérfano y se acercó todavía más al socialismo catalán, que es un catalanismo suave. Tiene buena relación con el expresidente de la Generalitat José Montilla y con Salvador Illa, con quien habla y se ve con cierta frecuencia en Casa dels Canonges, la residencia oficial del jefe del Ejecutivo catalán.

En la derecha, el banquero siente mucha simpatía hacia el presidente del PP en Cataluña, Alejandro Fernández.

Su relación con Junts (un partido muy distinto de la antigua Convèrgencia) es algo forzada y con Esquerra Republicana, solo correcta.

Dentro de su entorno más próximo hay catalanistas y también algún independentista, pero son los menos. Siempre que habla del tema en privado lo hace con exquisito cuidado, siempre en un plano muy teórico.

«Pep es un hombre muy viajado y la independencia le genera un cierto repelús estético. Lo ve como un atraso dentro de un proceso de cada vez mayor integración europea», señala un amigo cercano. Eso no significa, por supuesto, que no se sienta catalán.

Pocos empresarios se manifiestan sobre este asunto. No es un tema tabú, pero no es fácil ser entendido al mismo tiempo en Cataluña y en el resto de España.

Los que dirigen empresas catalanas del Ibex se sentían muy incómodos en tiempos del *procés* independentista. Solo había una excepción, Víctor Grifols, miembro de la familia fundadora de una de las empresas más grandes de Cataluña y del mundo en su sector, la fabricación de derivados del plasma sanguíneo.

Sabadell fue la primera empresa que sacó la sede social y fiscal de Cataluña por culpa del *procés*. En su caso, a Alicante. La cúpula del banco decidió trasladar varias direcciones generales a Madrid, como la de Servicios Jurídicos. Josep Oliu se empadronó en Madrid unos años y volvía a Barcelona por razones profesionales y familiares y también para pasar los fines de semana en su finca de Callús.

Es un pragmático y su opinión sobre las ideas independentistas está en la misma onda que la de sus buenos amigos Miquel Roca, Marc Puig, del ya fallecido José Manuel Lara y de Isidro Fainé. Con el capitán de la galaxia La Caixa tiene una relación cordial, pero marcada por la frialdad y por heridas no cicatrizadas. En realidad, los dos banqueros nunca han sintonizado demasiado. La relación entre ambos es simplemente correcta.

El «robo» de Juan María Nin en 2007 por Fainé para dirigir La Caixa erosionó mucho el trato entre ambos. El gesto se interpretó en el Sabadell como un acto agresivo por las formas, que no gustaron nada. Oliu se enteró al mismo tiempo prácticamente que todo el mundo y lo vivió como una gran traición. Había rumores de que esto podía pasar, pero Nin se lo negó hasta el último momento.

Fainé citó una noche en su casa al entonces consejero delegado del Sabadell. El acuerdo se cerró en menos de una hora y la incorporación fue prácticamente inminente para reemplazar a Ricard Fornesa, que adelantaba su salida para evitar especulaciones. Fainé llamó a las once de la noche a Oliu a su domicilio particular para comunicarle que le había hecho una oferta a Nin y que él estaba conforme.

Dos años después, en 2009, se produjo otro episodio incómodo. Fainé tuvo conversaciones muy serias de fusión con Oliu, que inicialmente se mostró receptivo. El mediador entre ambos fue José Manuel Lara, que entonces estaba perdiendo mucho dinero con las acciones de Sabadell. Hay muy pocas personas que tengan buena relación con los dos banqueros. Lara era uno de ellos.

Entonces La Caixa todavía no había hecho la transformación a banco y sus estructuras y gobierno corporativo eran de caja de ahorros. Hacer algo con Sabadell le permitía precisamente abandonar el traje de caja y poner un pie en la bolsa. Uno de los acuerdos era que Juan María Nin (entonces ya en La Caixa) dirigiría la entidad resultante. Futbolísticamente hablando era como si el Barça quisiera absorber el Espanyol. El proyecto fracasó por una suma de motivos. «Oliu muchas veces piensa en voz alta, no cierra puertas y hace movimientos circulares antes de decidir una cosa. Yo creo que Fainé entendió que por parte de Oliu era un sí cuando en realidad era todo lo contrario», afirma una persona que vivió aquel proceso.

Josep Oliu forma parte por derecho de la burguesía catalana de negocios y su influencia en este grupo selecto, formado sobre todo por empresarios, ha ido *in crescendo*.

El abogado Miquel Roca es una de las personas con ascendencia sobre él, especialmente durante los inicios de su carrera como banquero. Además son familia política, porque sus mujeres son primas, y a través de esta relación fue como se conocieron hace décadas.

Banco Sabadell fue uno de los primeros clientes del bufete Roca Junyent cuando el abogado retomó su profesión después de más de veinte años entregado a la política. Fue presidente del Grupo Parlamentario Catalán en el Congreso, formó parte de la ponencia que elaboró la Constitución de 1978, así como de la comisión que redactó el Estatuto de Autonomía de Cataluña. Anteriormente, en los años setenta, había tenido un gabinete jurídico-económico con su cuñado Narcís Serra.

Miquel Roca estuvo asesorando al Sabadell en algunas operaciones y trabajó con Oliu codo con codo en la modernización de las estructuras del banco desde el punto de vista jurídico con la idea en mente de una futura salida a bolsa.

Cuando en 1999 Oliu ascendió a la presidencia, su primera decisión fue nombrarlo secretario del Consejo de Administración. Veinticinco años después lo sigue siendo, función que también ejerce en el Consejo de Abertis. Es también presidente de Aigües de Barcelona. No hay otro abogado en España con este nivel de representación entre las empresas del Ibex. Su despacho ha crecido muchísimo en los últimos años y hoy es un portaviones con oficinas internacionales.

Su fichaje para el Consejo del Sabadell supuso dar entrada al máximo órgano de gobierno a una persona totalmente ajena a la casa y que, además, procedía del mundo de la política. Esta segunda cuestión enseguida se soslayó por su carisma y porque se apreciaba su defensa del catalanismo en Madrid. En un momento determinado, Oliu le ofreció ser consejero, pero lo rechazó por coherencia profesional.

Roca ha tenido siempre un peso y una influencia elevada dentro del banco. Como secretario del Consejo le corresponde organizar las juntas de accionistas, que suelen ser balsámicas comparadas con las de muchas empresas. Incluso las últimas, las de la crisis. Ha asesorado todas las adquisiciones importantes, desde la del Herrero hasta la de la CAM.

Oliu y Roca, que se llevan nueve años, tienen un denominador común muy evidente: su elevada capacidad de trabajo. Comparten un montón de amigos en las élites empresariales y económicas catalanas. Uno de ellos es Jordi Mercader, presidente durante décadas de uno de los mayores fabricantes de papel de fumar del mundo, Miquel y Costas. Otro, entre muchos, el veterano financiero Eusebio Díaz-Morera, fundador de la gestora de fondos de inversión EDM y expresidente de Banca Catalana.

Miquel Roca y Josep Oliu construyeron el Consejo del Sabadell a la medida que necesitaban para modernizar la idiosincrasia del banco y prepararlo para designios mayores, fuera de su área natural de influencia. Poco a poco se fue dando entrada a empresarios de otra generación más joven, cuyo mejor exponente es Sol Daurella, presidenta de la embotelladora española de Coca-Cola y la mujer más rica de Cataluña. En el Consejo de Sabadell aprendió todo lo que sabe de banca hasta su salto a Santander. Ana Botín la fichó hace unos años. Son amigas desde la infancia, cuando coincidieron estudiando en un internado en Suiza.

La cúpula de Sabadell estuvo llena de ilustres de la alta burguesía catalana durante la década que duró el único núcleo duro de accionistas que ha tenido la entidad en toda su historia para defenderse de cualquier intento de ser absorbida por un competidor.

José Manuel Lara (Planeta) llegó al Consejo de Administración de Sabadell de la mano de Miquel Roca en 2003. El empresario quería diversificar sus inversiones y Oliu buscaba a gente entre las élites de negocios para renovar el Consejo que había heredado, donde todavía quedaba gente muy mayor de la vieja guardia textil. Ya había convencido antes a Joaquim Folch-Rusiñol, presidente de la empresa familiar Pinturas Titán.

Lara empezó a adquirir títulos de Sabadell en 2002, aunque el mayor pellizco lo concentró en torno a 2006, cuando la acción cotizaba en máximos de 7 euros. Un año después llegó a erigirse en principal accionista. El banquero y el presidente de Planeta discutían a menudo en las reuniones del Consejo del Sabadell, pero siempre cargados de razones y argumentos. Fueron amigos personales hasta su muerte.

Lo mismo sucedió con Isak Andic, la mayor fortuna de Cataluña. El empresario de origen turco y fundador de Mango llegó a poseer un 6,2 por ciento del capital de Sabadell. Entre 2006 y 2013, con algún paréntesis, fue el máximo accionista del banco catalán y vicepresidente. Lo sustituyó en el Consejo el inversor mexicano David Martínez.

Andic comenzó vendiendo abrigos afganos importados en Barcelona cuando era muy joven y Sabadell lo ayudó a crecer. Durante mucho tiempo solo trabajó con este banco. Con el tiempo, el empresario empezó a invertir parte de su patrimonio en acciones del Sabadell. «Un día, Oliu me pidió ser consejero a través de un amigo común, Joaquim Folch-Rusiñol. Yo me negué dos o tres veces, pero al final me convenció, y ha sido una experiencia muy positiva para mí. He aprendido muchísimo a su lado», afirmaba el propio Andic en la biografía sobre el banquero publicada por la Esfera en 2014. «Pep es un hombre avanzado a su tiempo y lo ha demostrado en muchas ocasiones. Cuando otros consejeros no oíamos el ruido, ni veíamos la luz, ni sentíamos la vibración, él ya presentía las cosas y eso le ha permitido adelantarse siempre», explicaba.

Coincidiendo con la entrada en el accionariado del financiero mexicano David Martínez y del magnate colombiano Jaime Gilinski, Andic pactó con Oliu abandonar el Consejo para dedicar todas sus energías a Mango. Llevaba tiempo pidiéndolo y era un buen momento para dejarlo sin que la bolsa lo interpretara de forma negativa. Además, su participación se había ido diluyendo mucho con las ampliaciones de capital.

Durante ocho años fue un apoyo incondicional para Oliu en el Consejo y le demostró una gran lealtad, haciendo también suyo el proyecto del banco. En la última etapa a veces discrepaban, según fuentes internas, pero no le falló jamás. «Tenemos mucha química y compartimos el gusto por el mar, por el arte, por la economía y la misma pasión por el trabajo. Nos sentimos mucho más que catalanes y españoles. Nos consideramos ciudadanos del mundo», recordaba Andic.

Solían pasar tres o cuatro días cada verano en algún lugar del Mediterráneo a bordo del velero de Andic, el *Nirvana*. También juntos estuvieron en Estambul y en Nueva York.

Andic murió a los setenta y un años en un accidente en la montaña de Montserrat, a escasos kilómetros de la finca que tiene Oliu en Callús y en la que pasa todos los fines de semana. Sucedió el 14 de diciembre de 2024, en mitad de la opa lanzada por BBVA. Esa pérdida rompió a Oliu por dentro, sobre todo porque ese mismo día falleció, también de una manera inesperada, Javier Echenique, vicepresidente de Sabadell durante años tras la absorción del Guipuzcoano. Algunos colaboradores estrechos lo vieron descompuesto y llorando.

El catalán Marc Puig también es otro de los grandes amigos de Oliu dentro de la órbita empresarial. Se conocen desde 1992, cuando su padre lo fichó para el consejo asesor de Exea, el *holding* que administra el patrimonio familiar de los Puig. Allí conoció a Ana Patricia Botín, que fue consejera unos años.

Cuando Marc Puig fue nombrado consejero delegado de la compañía de alta perfumería en 2007, Oliu pasó a ser consejero de este gigante del lujo en representación de los intereses de la familia fundadora. Ambos han construido una relación extraprofesional, a pesar de que Marc es bastante más joven. Los dos son catalanes, discretos y han estudiado en Estados Unidos. «Creo que para él el consejo de Puig ha sido una válvula de escape, sobre todo en los años en los que ser banquero no ha sido lo más divertido del mundo. No es su mundo natural, pero ha despertado su gran curiosidad intelectual y le divierte», señalaba el empresario para la biografía de Oliu de La Esfera.

Puig es una de las mayores compañías del mundo en su sector. Es dueña de la marca de alta costura Carolina Herrera y tiene la mayoría del capital de la firma de moda francesa Jean Paul Gaultier. Fabrica todos sus perfumes en España y Francia.

Marc Puig subraya la gran contribución de Oliu a la compañía en su doble faceta de alto financiero y hombre entendido en tejido empresarial familiar. «Conoce los criterios que hay que seguir para que las decisiones sean objetivas y no emocionales. Él nos ha ayudado mucho en este terreno. Nos empuja a que hagamos proyectos ambiciosos con la prudencia de un banquero», explica. Destaca también su transversalidad. «A veces encuentra soluciones creativas para los problemas y ve caminos que no son evidentes para los demás», añade.

Dentro de este círculo de amistades ligadas al poder económico también se encuentra el cazatalentos Luis Conde, socio fundador de Seeliger y Conde.

Entre las élites catalanas, Oliu juega un rol relevante. «Se ha ganado el respeto de la sociedad civil catalana, tiene autoridad moral y dice lo que piensa. Para mí es uno de los cinco empresarios más influyentes en Cataluña», señala Marc Puig.

En Madrid, su grado de influencia no es tan alto en comparación con el de Isidro Fainé, pero ha crecido exponencialmente en los últimos años y es una presencia fija en todos los actos importantes.

Oliu pertenece al Patronato de la Fundación Princesa de Asturias y al Patronato de la Fundación Princesa de Girona. Acude todos los años a la ceremonia de entrega de premios. «No soy monárquico, pero pienso que el rey hace un servicio como embajador en Sudamérica, que es la mayor zona de influencia de nuestras empresas, así como en los países árabes», afirmaba hace unos años.

A pesar de ser un prohombre de la burguesía catalana, su núcleo duro de amigos no pertenece al mundo bancario, y en algunos casos ni siquiera al empresarial. Son todos economistas muy reconocidos, muchos catedráticos de universidad, otros economistas del Estado y algún antiguo alto cargo de la Administración, herencia de su paso por el INI. Gran parte de ellos hizo su doctorado en Minnesota, como Paulina Beato, y se ven con mucha frecuencia. El círculo se amplía con grandes investigadores que también han estudiado fuera, como Alfredo Pastor y Xavier Vives, ambos profesores del IESE.

16

EL BANQUERO QUE NO PARECE BANQUERO

Oliu posee una personalidad fuerte con muchas aristas. Es un hombre muy seguro de sí mismo y de sus capacidades —también de sus limitaciones—, a quien no le da ningún miedo tomar cualquier tipo de decisión. «No recuerdo ninguna situación en la que lo haya visto paralizado por la duda», asegura Andreu Mas-Colell.

Sin embargo, en las relaciones sociales sale a la superficie una cierta timidez que le hace mostrarse a veces altivo y brusco, aunque no lo es. Algo muy característico suyo es que, cuando dice una ironía, se calla durante un par de segundos para ver la reacción del interlocutor y después suelta una carcajada. Su cualidad más sobresaliente es la inteligencia, un talento que han heredado sus tres hijos.

Como sucede a menudo con las personas brillantes, la empatía no es una de sus cualidades. «Es un hombre llano y directo, pero no fácil. Tienes que estar muy sintonizado con Oliu para entenderte con él. Hay gente que ha fracasado en su relación personal, porque no ha querido hacer el esfuerzo de situarse en su chip», explica una persona de su entorno profesional. «Puede ser muy cercano, pero también muy lejano», apunta un viejo amigo. «Cuando lo descubres como persona, ves a un optimista por naturaleza que siempre ve el lado bueno de las cosas, serio pero de risa fácil, y con mucha energía. Pero tienes que romper antes esa barrera y ganarte su respeto», añade.

«Es muy sencillo trabajar con él siempre que aceptes sus reglas de juego. Si nota que tienes un alto conocimiento en un campo determinado, comprueba que eres trabajador y posees una mínima capacidad para entender las cosas, puedes hacer un buen equipo con él y obtener resultados, porque Oliu es el complemento perfecto de nivel superior para todo buen gestor», explica un alto directivo que lo conoce desde la infancia.

«Pero si no conectas con él —añade—, sentirás que le estorbas. Eso le hace parecer soberbio o despectivo, cuando es simplemente indiferencia».

«En el ámbito profesional tiene claro el objetivo al que quiere llegar, pero no siempre sigue el camino más recto», apunta un antiguo colaborador. No tiene miedo a que nadie le pueda hacer sombra, aunque en ocasiones es influenciable y quizá no tenga el carisma de otros líderes empresariales. Puede llegar a ser muy persuasivo porque maneja bien los argumentos. Escucha, pero no prioriza el consenso. Es muy inquieto y tiene una fuerza de trabajo brutal. No le da ninguna pereza tener la agenda llena», apunta un amigo. Y lo más característico de él es que tiene una habilidad extraordinaria para prever las situaciones, aunque a veces hay que acelerarlo o frenarlo, según uno de sus escuderos en el banco.

No responde al estereotipo de banquero en casi nada. «He conocido a muchos a lo largo de mi vida y tiene muy poco que ver con ellos. Le gusta forzarse intelectualmente y se parece más a un jefe de un servicio de estudios, a un investigador, que a un gestor bancario», señala Miquel Roca. Esa vertiente académica la vuelca cuando se pone el gorro de miembro de la Junta Directiva de Fedea, probablemente el centro de opinión económico más solvente del país. Durante unos años fue su presidente.

«Es el más formado de los banqueros que conozco y además tiene un conocimiento muy profundo de la Administración gracias a su paso por el INI. Esa combinación lo hace diferente», comentaba Juan María Nin para la biografía publicada en 2014. En alguna ocasión ha puesto en aprietos a algún ejecutivo del banco porque es capaz de entender temas financieros muy sofisticados.

Le gusta el poder y también mandar, según varios directivos catalanes. «Pero no es un banquero con ansia de hacerse rico», subrayan en su entorno de amistades. Casi todo su patrimonio está invertido en acciones de Sabadell, cuyo valor estaba por los suelos hasta hace cinco años. Sus ocho millones de títulos valen alrededor de 27 millones de euros. El presidente del Sabadell no tiene una gran fortuna comparada con otros grandes empresarios catalanes. De hecho, no aparece en la lista Forbes.

No se puede decir que tenga amigos íntimos en el mundo de la gran banca, pero se entiende bien con Ana Botín y con Carlos Torres, con quien comía o cenaba de vez en cuando antes de la opa y pretende seguir haciéndolo después de ella. Sentía mucho aprecio por Alfredo Sáenz, exconsejero delegado de Santander. En la época en la que fue director general del INI en Madrid fue el jefe directo de un entonces jovencísimo José Antonio Álvarez, hoy vicepresidente de Santander.

Oliu no es un hombre de monocultivos, pero hay un grupo de personas con más ascendencia sobre él, sobre todo intelectual, como Andreu Mas-Colell, Alfredo Pastor y, antes más que ahora, Narcís Serra y Carlos Solchaga. También Miquel Roca. Admiraba mucho al exministro Pedro Solbes. Su confidente y amiga de la universidad Paulina Beato también entra en este grupo, y, por supuesto, su gran consejera de sentido común, su mujer Victòria Quintana.

La bolsa no le interesa demasiado. Es curioso para alguien que ha demostrado muchas veces su afinada intuición para los negocios. Muchos altos directivos iniciaron su carrera en el mundo bursátil, como Francisco González, expresidente de BBVA, que fundó el *broker* FG Inversiones; César Alierta, expresidente de Telefónica, con Beta Capital; o Luis de Guindos, que trabajó en AB Asesores. En general, Oliu no se maneja bien en el mundo de las inversiones. De hecho, su mujer es quien se ocupa de gestionar su patrimonio.

Los Oliu viven en el distrito de Sant Gervasi, en la zona alta de Barcelona. Todo lo que sabe de arte contemporáneo se lo ha enseñado Miquel Molins, presidente durante décadas de la Fundación Banco Sabadell y amigo personal del matrimonio. Cada cierto tiempo suelen darse una vuelta por la feria Arco de Madrid.

Cuando se separó de Lynn, su novia *hippie* americana, el banquero adquirió una preciosa masía en Alella, una tranquila población rodeada de viñas a 15 kilómetros de Barcelona. Fue allí, en Torrellimona, donde celebró la fiesta de su boda con Victòria Quintana. El matrimonio decidió venderla en el año 2000 para trasladarse a Barcelona.

Por supuesto que se ha aburguesado, pero su posición le permitiría llevar un tren de vida superior. «En el fondo sigue siendo un progre de los setenta y no le gusta nada la ostentación. Tiene el trabajo que tiene porque le gusta, no para enriquecerse», señala un amigo suyo. «Oliu es un hombre de pueblo, muy inteligente, que ha viajado por medio mundo y con conexiones internacionales de primer nivel, pero de costumbres muy austeras. No necesita más para ser feliz», explica Miquel Roca. Sus íntimos dicen que no ha cambiado y que, a pesar de ser un banquero, sigue pisando el mundo real. Las personas inteligentes no caen habitualmente en el error de creérselo demasiado. Es una persona bastante transparente. Lo que ves es lo que hay.

No utiliza escolta, solo chófer. Una de las pocas concesiones que se permitió como algo extraordinario, al menos unos años, fue un contrato de *leasing* con una compañía de *jets* privados para un número determinado de vuelos al año. Esta opción es perfecta para los viajes relámpago a Asturias, por ejemplo, donde hay pocas conexiones con vuelos regulares.

Tampoco es muy sibarita. Simplemente tiene preferencia por los hoteles con decoración clásica y, sobre todo, que sean muy funcionales para poder trabajar bien. Para las escapadas de ocio y las vacaciones no necesita ir a un cinco estrellas gran lujo. Basta con que sea un hotel con encanto. Con el grupo de escalada de los «exminnesotos» suele dormir en refugios al menos una o dos noches para mantener vivo el espíritu excursionista. La edad va pesando.

El estatus le importa relativamente poco, sobre todo cuando nadie lo observa. Los fines de semana se pone una gorra bien calada y va vestido muy informal, con una cazadora y calzado cómodo. Los trajes se los confeccionó durante años un buen amigo de Sabadell hasta que cerró el negocio. Acaba de cambiar sus gafas por unas de pasta negra mucho más actuales. Se defiende bien en los fogones y ahí vuelca su vena creativa. En otros tiempos también se metía bastante en la cocina, sobre todo antes de presidir Sabadell.

Oliu asegura que nunca se ha sentido señalado por la opinión pública por ser banquero, aunque sí que le ha afectado en cierta forma en su vida privada, especialmente a su hijo pequeño. Como todos, lleva mal las críticas y que no se distinga entre los gestores que se emborracharon de crédito inmobiliario y quebraron algunas cajas de ahorros y el resto.

No soporta que la gente se quede en la mediocridad. «Hagas lo que hagas, vuélcate al cien por cien. Este es un mensaje que nos sigue repitiendo», dice su hijo Jaume. «Tampoco transijo con la desidia, con la huida del compromiso, la aceptación de lo presente como modo incuestionable del ser y la elevación del pasado al nivel de categoría universal. Toda mi vida he intentado luchar contra esto y lo sigo haciendo», señala el banquero. Sus amigos añaden alguna cosa más: «Aunque es una persona que busca la excelencia, no pretende ser perfecto, ni que la gente de su alrededor lo sea. *Good enough*».

«Posee una propensión natural al optimismo y a ver el ángulo positivo de las cosas, y creo que eso ha sido una constante toda su vida», señala su amigo de universidad Teo Millán. Sin embargo, posee un humor variable. Si tiene un día cruzado puede resultar cortante, y suele apartar la vista de manera inconsciente cuando nota que su interlocutor no domina los temas de los que habla.

Si hubiera nacido en esta época, probablemente habría sido diagnosticado como un niño hiperactivo. Con él no hay descanso. Siempre está haciendo planes y la cabeza le va a mil revoluciones. En este sentido, la convivencia con él es complicada, porque cuesta seguirle el ritmo. A medida que ha ido cumpliendo años (va a cumplir setenta y siete) se ha vuelto algo más calmado, pero no demasiado.

El banquero comparte con su mujer Victòria el amor por la música clásica y por la ópera. Frecuenta el Liceo de Barcelona. Es una persona ilustrada, aunque no un erudito en nada. Mantiene la curiosidad insaciable de un niño. «Como persona inteligente que es le interesa absolutamente todo. Eso significa que puede hablarte de moda, de perfumería o de electricidad si hace falta», señala un amigo personal.

En vacaciones la actividad no baja. Se levanta a las siete de la mañana para hacer un poco de escalada matutina en la zona del cabo de Creus y alrededores. Normalmente coge tres semanas de vacaciones. Como muchos empresarios catalanes, rehúye la vida social de compromiso.

Oliu no cree en Dios, ni en la vida después de la muerte. No bautizó a sus dos hijos mayores (sí al tercero), aunque los ha educado en la moral católica. Cuando eran pequeños, les solía relatar, como si fuera un cuento, sentado a un lado de la cama, pasajes del Antiguo Testamento. De esta manera les fue transmitiendo las enseñanzas de la Biblia, porque los niños estudiaban en un colegio laico. La abuela paterna, que era más piadosa, los acabó bautizando ella misma en el río Jordán en unas vacaciones.

«De los valores que nos ha inculcado, el que más he retenido es el de la generosidad, sobre todo con la familia y con los amigos», apunta su hijo Miquel. A título personal, Oliu ha donado dinero a la Universidad de Minnesota para crear la Cátedra Leo Hurwicz, que beca a un estudiante cada año. Ha colaborado con Médicos del Mundo, con Médicos sin Fronteras, con la Fundación Barraquer y con la Fundación Fero para recaudar fondos para la investigación oncológica. Durante la crisis de 2007 estuvo muy pendiente de si a sus amigos les iban razonablemente bien las cosas.

Sus hijos dicen que no ha sido un padre estricto, ni ha querido orientar sus carreras universitarias. Simplemente los ha aconsejado. «Oliu ha procurado enfocarlos a que desarrollen su intelecto y capacidades y conozcan distintas experiencias en distintos lugares. Él siempre repite que lo que nadie te puede quitar son los conocimientos adquiridos y el talento, te vayan bien o mal las cosas. Con eso siempre tendrás tu futuro asegurado», señala un amigo que lo conoce desde la adolescencia. No obstante, llevó muy mal cuando Miquel decidió dejar el mundo de la investigación para dedicarse al teatro. Ingresó en la Escuela Superior de Arte Dramático de París y dirigió y produjo *Edipus Rex*, de Sófocles.

Los tres hijos estudiaron en Aula Escola Europea. Se trata de un centro que creó en su día el director del Liceo Francés y que busca la excelencia. Al que no da el nivel lo invitan a irse.

Muchos hijos de la burguesía empresarial más intelectual han pasado por allí, como los del empresario Marc Puig o en su día los del expresidente de Cataluña Artur Mas y los de José Manuel Lara. El claustro es de perfil internacional, con algunos profesores que se han doctorado en Oxford y en otras universidades extranjeras. El colegio pone mucho énfasis en enseñar a ser críticos y potencia las humanidades. Los alumnos salen hablando y escribiendo castellano, catalán y francés perfectamente y con un nivel elevado de inglés. Durante una época, Josep Oliu presidió el patronato de la fundación que dirige la escuela.

Su hijo Jaume, el mayor, trabajó en Santander y en ACS en Miami al inicio de su carrera. Después fue directivo de segunda línea durante siete años en Sabadell. Se fue en 2021 para montar un fondo para invertir en el sector hotelero. En 2023 constituyó con Franc Gómez-Landero, fundador de Itaca Capital Partners, la gestora de capital riesgo Harvest Capital Management. Un año después levantó un fondo de 40 millones de euros entre grandes fortunas, sobre todo catalanas. Entre ellos están Lluís Carulla Ruiz y Eva Gallés Gabarró, miembros de las familias propietarias de Agrolimen y Europastry, respectivamente. Invierte en hoteles de toda España. Uno de ellos es el Condes de Barcelona, ubicado en el paseo de Gracia de Barcelona.

Miquel, su hijo mediano, es profesor de Economía en la Universidad París Nanterre. Antes lo fue de Matemáticas. Sus especialidades son salud, medio ambiente y tecnología. Fue profesor visitante en la Universidad de Yale y asesor científico del Gobierno francés durante el COVID.

Octavi, el pequeño, es hijo de Victòria Quintana, su actual mujer. Comenzó su carrera en el despacho Allen & Overy en las oficinas de Londres y Nueva York. Ahora trabaja para Álvaro Echevarría, director de gabinete de Marc Murtra, presidente de Telefónica.

17

CALLÚS, EL REFUGIO CON VISTAS A LA MONTAÑA DE MONTSERRAT

Hace treinta años, Josep Oliu acudió al médico muy nervioso y con palpitaciones. Él, que es bastante hipocondríaco, pensaba que estaba sufriendo un principio de infarto. Después de auscultarlo y hacerle un electrocardiograma, el doctor le dijo:

—¿Usted tiene alguna afición?

—Bueno, sí, me encanta montar a caballo.

—Pues cómprese un caballo. Hágame caso —le dijo mientras le acompañaba a la puerta.

Efectivamente, el estrés y la taquicardia fueron disminuyendo y, desde entonces, la equitación se convirtió en algo más que un *hobby*. Durante una larga parte de su vida montó todos los fines de semana. Lo ayudaba mucho a mantener el equilibrio mental y emocional. Cuando uno se sube a un caballo debe dejar en tierra la tensión para que el animal también esté relajado con el fin de que esté mínimamente concentrado. Los caballos tienen una psicología especial. Dicen que el contacto con ellos ayuda a establecer una conexión directa con nuestras emociones y sentimientos más profundos. También a reforzar la capacidad de liderazgo del jinete, porque los caballos solo obedecen a quien reconocen como tal.

Al principio montaba a Curro hasta que se hizo mayor y lo tuvo que trasladar a la finca de Callús. Después a Quiebro, un caballo portugués que estaba en una hípica cercana, Can Alzina.

Callús es un pueblecito de dos mil doscientos habitantes situado en la comarca del Bages, en el interior de Cataluña. Está a diez minutos en coche de Manresa y a algo más de 60 kilómetros de Barcelona. El padre de Oliu tenía antepasados oriundos de este lugar que lo ayudaron mucho durante la Guerra Civil, y decidió comprar allí una finca en los años setenta. Ocupa 130 hectáreas e incluye bastante zona de bosque. Es la joya de su patrimonio y en su remodelación ha invertido bastante tiempo y dinero junto con su mujer Victòria. También tiene unas pequeñas caballerizas.

Toda la familia disfruta de esta finca muchísimo. Josep Oliu y su hermana Conxa (que trabajó en Sabadell dirigiendo el segmento de colectivos) llevaban a los niños a Callús a pasar buena parte de las vacaciones de verano con los abuelos, junto con algunos amigos del colegio que invitaban y un par de canguros. Allí tenían de todo para estar entretenidos: piscina, animales de todo tipo, un montón de juegos... Era una especie de colonia de verano en una casa en medio del bosque. Ahora van sus nietos.

La iniciadora de la relación con los caballos fue Conxa. Cuando Oliu volvió de Estados Unidos, se contagió de esta afición. En la finca hay ahora cuatro. Al banquero le encanta verlos correr dentro del recinto. También hay un pequeño huerto. El matrimonio Oliu pasa aquí casi todos los fines de semana.

Tienen almendros y olivos que producen aceite para autoconsumo, etiquetado como Oli d'Oliu (aceite de Oliu, en catalán). También unas cuantas hectáreas de viñas.

Por toda la comarca hay viñedos y varias bodegas. De hecho, hay una denominación de origen propia denominada Pla de

Bages. En la zona se produce una variedad autóctona de uva llamada «picapoll».

Cuando uno está en el campo, es muy fácil dejar la mente en blanco, aunque Oliu es un ejecutivo con bastante facilidad para desconectar, por lo que cuentan. Lo mejor de la finca, una de las más bonitas de la zona aunque no la más grande, son unas vistas increíbles en orientación sur a la montaña de Montserrat, que está a unos 25 kilómetros.

No hay ningún signo de vida alrededor, y eso a Oliu le encanta. Justo donde termina la finca está el cementerio de Callús. A unos pocos kilómetros se encuentran las antiguas minas de potasa de Cardona, hoy reconvertidas en un museo de la sal. No muy lejos de Callús está el monasterio benedictino de Sant Benet, cuyo entorno ofrece un intenso programa cultural. Por Callús pasa el río Cardener, afluente del Llobregat. En invierno, la temperatura es un poco más fresca que en Barcelona, pero en verano los termómetros suben bastante. Hace realmente calor.

Cuando los hermanos Oliu heredaron la masía de Callús, cada uno ocupaba una planta hasta que en 2013 Conxa decidió venderle a Josep su parte de la propiedad. Por dentro es más bien austera.

En la bodega del sótano Oliu ha organizado multitud de comidas y cenas para sus amigos. Todos los «minnesotos» la han visitado en alguna ocasión. También ha convocado allí alguna reunión de trabajo con su núcleo de directivos. Así sucedió a finales de agosto de 2007 (arranque de la crisis financiera). Su olfato le indicaba que estábamos a las puertas de una crisis grave de liquidez y decidió dar un giro a la política comercial del banco con un nuevo plan estratégico, meses antes de la caída de Lehman Brothers.

Ir a Callús supone estar en plena naturaleza y disfrutar de una soledad elegida. El banquero aprovecha para caminar mucho, leer, trabajar más tranquilo, dormir sin ningún tipo de ruido urbano, hacer un buen fuego en invierno y, en verano, nadar unos largos en la piscina. Es un buen sitio para dejar volar también su vena creativa. Acostumbra a coger el lápiz para levantar planos a escala antes de planificar alguna reforma. Estuvo a punto de estudiar Arquitectura cuando elegía carrera.

Ya no monta en caballo. Hace diez años se cayó y se rompió la clavícula y diversas costillas. Tampoco puede esquiar, un deporte que ha practicado toda su vida, porque se rompió el ligamento cruzado de la rodilla en una estación de esquí de los Alpes hace todavía más años. Su paso por el quirófano lo obligó a olvidarse de la nieve. Solía acudir a Les 3 Vallées, uno de los mejores sitios para esquiar en los Alpes franceses. Oliu también era un habitual de Baqueira Beret.

Ahora se dedica sobre todo a hacer senderismo, trabajar en el gimnasio y a hacer rutas en bicicleta.

De joven jugaba al tenis, aunque nunca se le dio demasiado bien. El banco es patrocinador principal del Trofeo Conde de Godó y durante un tiempo Rafa Nadal fue imagen de marca del banco. El extenista es cliente del Sabadell desde hace años. En el pasado, el banco convenció a Pep Guardiola para hacer una campaña publicitaria con Sabadell cuando era entrenador del Barça. Fue la primera vez que se prestó a ceder su imagen para una marca comercial.

A Oliu no le gustan las cacerías, ni tiene palos de golf, el deporte tradicionalmente ligado a banqueros y empresarios. En cambio, y esto sorprende tratándose de un catalán, ha ido en varias ocasiones a ver corridas de toros.

Su mujer, Victòria Quintana, es también feliz en Callús, aunque al principio no disfrutaba tanto del campo como Oliu. Es muy deportista (no monta a caballo) y le encanta la montaña.

Su lugar de descanso preferido es la casa de veraneo de Port de la Selva, municipio cercano a Cadaquès. Los Oliu tienen una barca, de esas típicas que fondean la Costa Brava, para bañarse en las calas de la zona. El banquero aprovecha las semanas en la Costa Brava para hacer algo de senderismo. Es el único momento del año que tiene para entrenar un poco antes de la cita anual con el grupo de escalada de sus amigos de Minnesota. Con ellos ya se ha hecho toda la cornisa cantábrica y ha salido también fuera de España. Por ejemplo, a los Dolomitas, en los Alpes italianos y a las Montañas Rocosas, en Estados Unidos. El verano pasado, el de la opa, estuvieron haciendo rutas en bicicleta en Andorra. «No le gusta andar, le gusta castigarse. Le encanta esforzarse al límite tanto intelectual como físicamente», decía Miquel Roca en la biografía de Oliu publicada por La Esfera.

Victòria gestiona la finca de Callús y recuperó hace algún tiempo una iglesia que estaba en su terreno (ahora desacralizada), así como la rectoría anexa.

Es hija de farmacéutico. Más que de la burguesía catalana, sería más exacto decir que procede de una familia ilustrada. Se ha criado en un ambiente cultural alto. Es descendiente del poeta, dramaturgo, articulista y traductor catalán Josep Maria de Sagarra. Tiene siete años menos que su marido. Aunque es economista, se ha dedicado siempre al mundo de la publicidad y es experta en *marketing*. En Madrid trabajó para la agencia BBDO y en Barcelona, para una multinacional inglesa. Durante un tiempo estuvo haciendo proyectos para una productora de vídeo que tenía como gran cliente a Canal Plus. La vida profesional la llevó en un momento determinado a Summa, una importante agencia de construcción de marca de Barcelona. Allí conoció al argentino Mario Eskenazi, el creador de todo el programa de imagen corporativa del Sabadell. Ha colaborado con él en varios trabajos.

Oliu la conoció a través del clan de Minnesota. Victòria no estudió allí, pero es prima de la mujer del «minnesoto» Antoni Bosch-Domènech. Empezaron a salir en 1994, poco después de la ruptura con Lynn, su primera esposa, y fue todo muy rápido, como le gusta hacer las cosas a Oliu. En cuanto le llegaron los papeles del divorcio, en julio de 1995, dijo: «Nos casamos». Fue una ceremonia civil en el Saló de Cent del Ayuntamiento de Barcelona el 16 de septiembre de ese mismo año. Ofició la ceremonia civil precisamente Miquel Roca, que entonces era teniente de alcalde. Fue su debut en el terreno de las bodas. La fiesta se celebró ya por la noche y rodeados de amigos en la masía que entonces poseía Oliu en Alella (Barcelona).

Victòria sigue activa profesionalmente en la medida en que su condición de mujer de banquero se lo permite. Es muy inteligente, tiene mucha personalidad y suele tener entre manos varios proyectos a la vez. Forma parte del patronato de la Fundación MACBA, promotora del museo de arte contemporáneo de Barcelona, donde se sientan veinticinco grandes del empresariado catalán, como Artur Carulla, Liliana Godia o el conde de Godó.

También pertenece a la junta directiva del Concurso Internacional de Piano Maria Casals que preside Mariona Carulla, una ilustre de la burguesía catalana. Se trata de una organización sin ánimo de lucro que ayuda a jóvenes intérpretes de todo el mundo que quieren dedicarse a la música.

El canto es su gran afición y la ópera, su pasión. Es patrona también de una fundación dedicada a la promoción de la música barroca.

Fue durante siete años tesorera de la Asociación de Diseñadores Gráficos de Cataluña dentro de Foment de les Arts i del Disseny (FAD), el centro de referencia del diseño y la arquitectura en Barcelona.

Está bien relacionada dentro de la burguesía barcelonesa y del mundo del diseño y ha aportado al matrimonio la amistad de varias personas de este círculo social.

Está más alineada con los intereses de un banquero y con su modo de vida que su primera mujer, con la que mantiene muy buena relación. Victòria es la gran consejera de sentido común de Oliu para muchos temas ligados al Sabadell y ejerce de manera profesional su faceta de consorte. Es su puntal. «Ha sido un apoyo y una persona muy paciente en los años más duros para los banqueros», afirmaba el empresario Marc Puig, amigo personal de Oliu, en la mencionada biografía. Lo acompaña en algunas cenas, viajes y eventos institucionales cuando así lo exige el protocolo. También asiste a las juntas de accionistas del banco.

Victòria gestiona Torrellimona, la sociedad patrimonial de Josep Oliu. El nombre lo tomó de la masía de Alella en la que se casó el matrimonio. Esta sociedad concentra el patrimonio inmobiliario de la pareja (sus viviendas en Madrid y Barcelona), así como la finca de Callús y un complejo para alquiler de eventos. Torrellimona es la sociedad titular de los ocho millones de acciones que Oliu tiene de Sabadell. La mujer de Oliu también administra el *family office* Port Avignon.

Durante el año y medio que duró la opa de BBVA, amigos y colaboradores vieron al banquero en plena forma y con mucha energía. Hubo momentos de decepción, otros de disfrute y un puñado de ellos particularmente emocionantes, como la ovación que recibió el día que se volvió a celebrar la junta de accionistas en Sabadell tras siete años en Alicante.

Ahora no quiere ni oír hablar de la retirada. Los banqueros se suelen jubilar muy tarde. Muy probablemente lo dejará cuando sienta que el futuro del banco está bien encarrilado. No se aferrará al cargo porque tiene claro que quiere dedicar más tiempo a la familia, a sus amigos, a sus aficiones y a satisfacer su insaciable curiosidad intelectual. Pero se asegurará de que el futuro capitán del barco sea alguien muy identificado con el proyecto. Ese momento podría llegar dentro de dos o tres años, pero quién sabe.